Was Kinder wirklich brauchen

Hildegard Ressel

Was Kinder wirklich brauchen

Grenzen setzen und
den Alltag vereinfachen

Kindliche Ängste und Wünsche
ernst nehmen

Konfliktlösungen finden,
die keine Verlierer hinterlassen

Scherz

Zu Ehren meiner Eltern

Inhalt

10 Regeln für erfolgreiche Eltern

- Emotionale Zuwendung (Zeit, Gelassenheit, Vertrauen, bedingungslose Zuneigung)

- Einfühlung in das altersentsprechende Weltbild

- Ernstnehmen der kindlichen Gefühle und Bedürfnisse

- Entwurf einer erzieherischen Perspektive (welche Schlüsse wird mein Kind aus meinem Verhalten ziehen)

- Erkennen und Reflektieren der eigenen Beweggründe und Bedürfnisse

- Vorschuss an Vertrauen in die kindlichen Möglichkeiten und Fähigkeiten

- Finden von Lösungen und Kompromissen, die keinen «Verlierer» hinterlassen

- Respektierung der kindlichen Persönlichkeit (keine Demütigung und Zynismus)

- Grenzen setzen und Verlangen von Rücksichtnahme

- Aufbau von Verantwortungsbewusstsein, «Teamgeist», Beziehungs- und Konfliktfähigkeit

Einleitung

———— ❀ ————

Sind Sie Mutter eines Säuglings und fragen sich gerade, ob Sie je wieder eine Nacht ungestört durchschlafen werden? Oder verzaubert ein Kleinkind, das Sie keine Sekunde aus den Augen lassen können, Ihr Leben? Kämpfen Sie jeden Morgen mit Ihrem Kindergartenkind, das so trödelt, dass Sie ständig befürchten, zu spät zu kommen? Boykottiert Ihr Siebenjähriger all Ihre Erziehungsversuche, die zu mehr Ordnung und Leistungsfähigkeit in der Schule führen sollen? Oder plant Ihre Zehnjährige gerade ihren Kindergeburtstag in einem Rahmen, der jedes Haushaltsbudget sprengt, weil ihre Freundinnen auch immer so tolle Feste feiern dürfen? Diskutieren Sie mit Ihrer pubertierenden Tochter über akzeptable Outfits und Ausgehzeiten, oder haben Sie einen Fünfzehnjährigen zu Hause, der sich am liebsten von oben bis unten piercen und tätowieren lassen würde, weil das «cool» ist? Beschleichen Sie gelegentlich Ängste, ob die Charakterentwicklung, die Ihr Kind an den Tag legt, wirklich ideal ist, und versuchen Sie deshalb, seine Erbanlagen zu analysieren und einzuordnen? Oder denken Sie vermehrt über Drogenkonsum, Gewalt, Sekten, Rechtsradikalismus, Null-Bock-Mentalität, Unfallgefährdung und Schulabschlüsse nach?

Niemand hat uns darauf vorbereitet, was es bedeutet, Kinder in die heutige Welt zu setzen. Am Anfang war die romantische Idee, der Wunsch, die Liebe zum Partner zu krönen, die biologische Bestimmung, vielleicht auch nur der Zufall. Neun Monate lang überwiegen Freude oder Kummer, Wohlbefinden oder Übelkeit, aber wir haben nicht die leiseste Ahnung, was auf uns zukommt. Alles haben wir gelernt, Rechtschreibung und Algebra, Englisch und Geschichte, Autofahren und einen Beruf. Doch niemand hat uns gesagt, wie man Kinder erzieht und ein unbeschwertes Familienleben führt. Den «Eltern-Führerschein» gibt es nicht. Also verlassen wir uns auf unser Gefühl, auf vermeintlich Bewährtes oder darauf, was wir selbst als Positiv- oder Negativbeispiel erlebt haben. Und kommen prompt ins Schleudern. Plötzlich wissen wir nicht mehr so genau, was richtig oder falsch ist, oder wir wissen es genau, sind aber weit davon entfernt, es umsetzen zu können.

Wir sitzen abends erschöpft und verzweifelt auf dem Sofa, weil uns schon wieder der Geduldsfaden gerissen ist, wir uns nicht beherrschen konnten, unser trotziges Kleinkind zu schütteln, unser faules Schulkind in einem plötzlichen Anfall von Wut niederzumachen oder den «coolen» Halbwüchsigen in eine fruchtlose Diskussion zu verwickeln, die mit Frustration und Türenknallen endete.

Sind alle Eltern so unfähig oder nur wir? Erziehungsratgeber müssen her! Doch nachdem wir uns durch die Flut entsprechender Veröffentlichungen gearbeitet haben, ist unsere Unsicherheit nicht kleiner geworden. Zum einen stoßen wir auf widersprüchliche Meinungen, Untersuchungen oder Empfehlungen, zum anderen hat sich gerade das, was wir sofort als logisch und nachvollziehbar empfinden, schon in der Vergangenheit meistens als nicht praktikabel erwiesen. Ausgerechnet unser Kind zeigt sich resistent gegen alle wohlmeinenden Versuche und jede zornige Konsequenz.

Was also können wir tun, um unseren Alltag im Zusammenleben mit Kindern zu entspannen und zu vereinfachen? Was ist das Geheimnis jener erfolgreichen Eltern, die mit Stolz auf ihren gelungenen Nachwuchs blicken können? Sind das Naturtalente oder kann man von ihnen lernen?

Wie in allen Bereichen unseres Lebens vereinfacht sich unser Alltag leider nicht dadurch, dass wir es uns leicht machen. Um langfristig zu einer zufrieden stellenden Lebensgestaltung zu gelangen, ist es notwendig, eine ganz persönliche Orientierung zu finden, sich Gedanken zu machen und das eigene Verhalten zu überprüfen.

Ich frage mich, warum trotz aller Aufklärung und umfassender Information unser Eltern-Dasein eher komplizierter geworden ist, warum so viele Eltern und Kinder leiden, sich überfordert, unzulänglich und unzufrieden fühlen. Über die biologischen Vorgänge, wie Frau zur Mutter und Mann zum Vater wird, sind wir uns im Klaren. Was aber ist mit unseren psychischen Veränderungen? Wie entwickeln sich unsere Verhaltensmuster für den Umgang mit unserem Nachwuchs?

Zunächst haben wir auch im psychischen Bereich eine gewisse biologische Schutzfunktion, die uns dabei hilft, uns unserem Baby zuzuwenden. Das «Kindchen-Schema» (große, runde Augen, kleines Näschen, Schmollmund) löst in uns Hilfs- und Schutzbereitschaft aus. Gepaart mit der kindlichen Hilflosigkeit, die uns völliges Ausgeliefertsein signalisiert, ermöglichen diese Voraussetzungen den meisten Menschen, sich auch über Strapazen und Erschöpfung hinweg um dieses Wesen zu kümmern. Zu diesem Zeitpunkt denkt noch kaum jemand über Erziehungsprobleme nach. Dies ändert sich drastisch mit der zunehmenden «Eigen-Ständigkeit» und zunehmendem «Eigen-Sinn» des Kleinkindes. Plötzlich ist Orientierung gefragt, eine unzweifelhafte Unterscheidung zwischen richtig und falsch, gut und böse. Und hier werden wir mit unseren Wertvorstellungen konfrontiert. Halten wir beispielsweise bedingungslosen Gehorsam für richtig oder für falsch? Natürlich empfinden es die meisten als richtig, wenn ihr Kind ihnen folgt, aber würden sie später einen unterwürfigen Ja-Sager akzeptieren?

Ist es richtig, wenn Kinder sich dem Willen der Eltern beugen, auch dann noch, wenn sie später eben keinen eigenen Willen mehr haben? Wir erkennen, dass alles seine Kehrseite hat, und verlieren nicht allzu selten jede Linie aus den Augen. Die Folge ist, dass wir heute so und morgen so reagieren, immer genährt aus unserer momentanen Verfassung und noch viel mehr aus unserem eigenen Selbstverständnis. Da gibt es jene Eltern, die wenig Selbstwertgefühl haben und glauben ihr Gesicht zu verlieren, wenn sie nicht ihre Prinzipien durchsetzen, und jene, die Angst haben, die Persönlichkeit ihres Kindes zu verletzen, wenn sie nur ein einziges Nein äußern, nicht zu vergessen jene Eltern, die so verunsichert sind, dass sie jegliche Erziehungsgedanken vermeiden.

Wir beginnen zu ahnen, dass gelungene Erziehung in starkem Maße von dem gelungenen Umgang mit uns selbst abhängt: Wenn wir uns selbst lieben, können wir auch unser Kind lieben, wenn wir unsere eigenen Bedürfnisse kennen, können wir auch auf die Bedürfnisse unseres Kindes eingehen, wenn wir die eigene Person wertschätzen, können wir auch unserem Kind Wertschätzung entgegenbringen.

Das simple Fazit:
Erfolgreiche Eltern sind jene Eltern, die sich selbst gut kennen, die sich ihrer Impulse bewusst sind, die ein gesundes Selbstwertgefühl entwickelt haben, kurz, die gelernt haben, sich selbst zu akzeptieren und zu lieben.

Ein gelungenes Familienleben hat nichts mit Perfektion, Allwissenheit oder Sicherheit zu tun. Auch erfolgreiche Eltern machen Fehler, fühlen sich gelegentlich verunsichert oder verzweifelt. Nur versuchen sie, diese Gefühle für sich zu klären oder daraus etwas zu lernen.

So betrachtet kann die Erziehung eines Kindes zur Reifung der eigenen Persönlichkeit werden: Wir können von unseren Kindern mindestens genauso viel über uns lernen, wie wir dem Kind an Wissen und Fähigkeiten vermitteln. Die Jahre der Erziehung werden zu einer spannenden Reise zum Wesen unseres Kindes und zu uns selbst. Und wie immer, wenn eine Reise zu einem lohnenden Ziel führt, nimmt man die damit verbundenen Mühen und Strapazen in Kauf, ohne sie überzubewerten.

Je besser wir verstehen, was uns selbst und unser Kind bewegt, je genauer wir uns dessen bewusst werden, was wir tun, umso leichter fällt uns der Umgang mit unseren Kindern und auch mit uns selbst und umso resistenter werden wir gegen die Anfechtungen unserer hektischen und konsumorientierten Gesellschaft. In demselben Maße vereinfacht sich unser Zusammenleben in der Familie, so dass auch jenseits von Konflikten das wieder zum Tragen kommen kann, was Familie ausmacht: Geborgenheit, Akzeptanz, Freude, Unterstützung und Vertrauen.

Kinder brauchen Verständnis:
Der Alltag mit Kindern

---❀---

Montagmorgen. Sabine darf heute auf keinen Fall zu spät ins Büro kommen. Sie hat ihre vierjährige Tochter Laura rechtzeitig geweckt und Gott sei Dank hat sie sich ausnahmsweise ohne Murren die von der Mutter ausgewählten Kleider anziehen lassen. Doch nun ist sie nicht zu bewegen, in ihr Marmeladebrot zu beißen und ihren Kakao zu trinken. Mit einer Gabel malt sie Muster in die Marmelade und anschließend auf die Tischdecke. Sabine wird nervös und beginnt zu drängen: «Laura, jetzt mach schon, du musst auch noch Zähne putzen und deine Schuhe anziehen! Wenn du noch lange trödelst, ist der Kindergarten zu und ich komme zu spät.» Laura lässt sich nicht beeindrucken. Schließlich zerrt Sabine sie unsanft ins Bad, und bis sie Schuhe und Anorak anhat, ist der morgendliche Streit perfekt. Laura schreit und heult, Sabine schreit und ist vor Wut auf Laura und sich selbst ebenfalls den Tränen nahe. Genervt gibt sie Laura im Kindergarten ab, nicht ohne deren tränenerfüllten, vorwurfsvollen Blick mit ins Büro zu nehmen, wo sie schlechten Gewissens versucht, sich auf ihre Arbeit zu konzentrieren und sich einmal mehr fragt, warum seit Wochen fast jeder Morgen in einem Chaos endet.

Sabine hat alles probiert: Gut zureden, schimpfen, ignorieren, sämtliche pädagogische Tricks wie mitbestimmen lassen bei der Kleiderwahl, Brot zu lustigen Figuren schneiden, Geschichten erzählen, Rollentausch («Heute darfst du einmal die Mama spielen») – nichts half. Jeden Morgen kommt der Augenblick, wo Laura in gedankenverlorenes Trödeln verfällt und durch nichts mehr zu bewegen ist, schneller zu machen. Nun beginnt die morgendliche Szene zum Prüfstein von Sabines erzieherischen Fähigkeiten zu werden. Sie weiß sich keinen Rat mehr.

Ähnliche Situationen kennen fast alle Eltern. Die Konflikte im Alltag entzünden sich an Banalitäten. Bei kleinen Kindern häufig wie oben an dem Pünktlich-aus-dem-Haus-Gehen, an Essens- und Tischregeln oder an Schlafenszeiten. Bei älteren Kindern sind es die Zeiten für die Hausaufgaben, Mithilfe im Haushalt, Ordnung und noch später die Kleidung, Ausgehzeiten oder die Pflichtbesuche bei Verwandten. Alles Zündstoff für Diskussionen, Streit, Machtkämpfe und Enttäuschungen. Woran scheitert der harmonische Umgang miteinander?

Wenn ein Kind in eine Familie hineinwächst, findet es ein komplexes Geflecht an Vorstellungen, Wünschen,

Einstellungen und Lebensplänen bei seinen Bezugspersonen vor. Diese Systeme sind in unserer Gesellschaft stark von Rationalität und Effektivität geprägt. Das Kind lebt jedoch zunächst ganz aus seinen Empfindungen heraus. Seine Welt ist bestimmt von Wohlbehagen oder Unbehagen. Auf diesen Gefühlen beginnt es durch direkte Einwirkung seiner Eltern und aus den Schlüssen, die es aus dem Verhalten der Eltern zieht, seine eigenen Lebenseinstellungen aufzubauen.

Ein simples, aber prägendes Beispiel finden wir schon beim Säugling.

Versetzen Sie sich in einen Säugling, der Hunger verspürt. Der kleine Mensch ist völlig auf seine sinnliche Wahrnehmung beschränkt, er weiß nichts von Essenszeiten, Tag oder Nacht. Er hat lediglich ein unangenehm quälendes Gefühl. Nach einiger Zeit der Unruhe beginnt er zu schreien, als Ausdruck seines Unbehagens.

Nun gibt es drei Möglichkeiten:

• Das Baby hat Eltern, die ihre Prinzipien ernst nehmen, die da lauten: Ein Baby soll sich so schnell wie möglich an einen Tag-Nacht-Rhythmus oder regelmäßige Essenszeiten gewöhnen. Sie lassen das Baby weinen, um es nicht zu «verwöhnen», bis es früher oder später aufhört zu schreien. Das bestätigt diese Eltern darin, richtig gehandelt zu haben, zumal sie, nachdem sie diesen Vorgang mehrmals wiederholt haben, mehr Ruhe genießen als die anderen Eltern.
Was «lernt» das Baby?

Ich habe ein unangenehmes Gefühl und äußere es – nichts passiert, entweder ist es also nicht richtig, das Gefühl zu äußern, oder die Welt ist mir nicht wohlgesinnt oder aber ich bin es nicht wert, beachtet zu werden.

Das Kind ist in seinem Gefühl der Nabel der Welt, alles, was ihm widerfährt, bezieht es zwangsläufig auf sich, es hat keine Alternative! Das Kind weiß nichts von den Prinzipien seiner Eltern, es weiß nicht, ob seine Eltern fähig sind oder nicht.

Was bleibt, ist die Grundsteinlegung für Misstrauen und Zweifel in sich selbst und in die Welt. Das Stillwerden des Kindes in diesem Fall ist kein Ergebnis der elterlichen Erziehung, sondern das Resultat wachsender Angst und Resignation.

• Das Baby hat ängstliche Eltern, die sich schon durch seine Unruhe verunsichert fühlen. Noch bevor es sich äußern kann, bekommt es die Flasche.

Was «lernt» das Baby?

Ich habe ein unangenehmes Gefühl, noch bevor ich es richtig erkennen oder äußern kann, sind meine Eltern da und füttern mich. Also brauche ich gar nichts weiter zu tun, was sehr bequem ist. Andererseits sind meine Eltern nervös, also ist irgendetwas mit mir oder der Welt nicht in Ordnung. Dies macht mir Angst und so schreie ich weiter, um in der Nähe meiner Eltern zu bleiben.

Dieser Vorgang verunsichert das Kind in der Wahrnehmung seiner Gefühle, in deren Äußerung und auch in Bezug darauf, was von der Welt zu erwarten ist. Das

Kind übernimmt die Ängstlichkeit und Nervosität der Eltern, es wird an den Eltern klammern und eine potentielle Unzufriedenheit entwickeln, da es keine Sicherheit in den eigenen Gefühlen findet.

- Das Baby hat Eltern, die sein Weinen ernst nehmen, die Ursache herausfinden und Abhilfe schaffen. Aus diesem Vorgang «lernt» das Baby Folgendes:
Ich habe ein unangenehmes Gefühl und es ist richtig es zu äußern = Selbstvertrauen. Es kommt jemand und hilft mir, mich besser zu fühlen = Vertrauen in die Welt, vertreten durch die Eltern.

Urvertrauen setzt sich aus diesen beiden Komponenten zusammen:
Selbstvertrauen + Vertrauen in die Welt =
Urvertrauen

Das Aufwachsen des Kindes ist bestimmt von dem sozialen Gefüge, in das es hineingeboren worden ist. Jenseits dieser Unterschiede ist allen Kindern eine Eigenschaft gemein: Die kindliche Wahrnehmung und das Denken werden fast das gesamte erste Lebensjahrzehnt von einem so genannten magischen Weltbild bestimmt. Das heißt, das Kind bezieht alles, was es erlebt oder erfährt, auf sich und es bildet aus dieser Sichtweise heraus Zusammenhänge, die manchmal wenig mit der Realität zu tun haben. Die altmodische Erziehung kannte Sätze wie: «Wenn du deinen Teller nicht leer isst, wird das Wetter nicht schön!» Kleine

Kinder glauben Derartiges. Wir wissen, dass Kinder sich schuldig fühlen, wenn die Eltern sich streiten oder irgendein Unglück geschieht, dass heißt, sie sehen sich oft als **Ursache** für Ereignisse um sich herum.

Wahrscheinlich liegt in diesem Weltbild auch der Grundstein jeder neurotischen Entwicklung: Ein Kind, das schlecht behandelt wird, glaubt, es sei es nicht wert, besser behandelt zu werden. Es kann nicht etwa wahrnehmen, dass der Erwachsene vielleicht Fehler macht. Ein Kind, das Ablehnung erfährt, hält sich zutiefst für nicht liebenswert. Die Erfahrungen, die ein kleiner Mensch auf der Basis dieser Sicht der Dinge macht, können seine späteren Lebenseinstellungen grundlegend bestimmen.

**Kleine Kinder brauchen das Gefühl,
dass die Welt (seine Bezugspersonen) wohlgesinnt,
verlässlich und berechenbar ist.**

Das magische Weltbild hat noch weitere Konsequenzen. Dadurch, dass ein Kind keinen Überblick über die realen Zusammenhänge gewinnen kann, ist es zahlreichen Ängsten ausgesetzt, die häufig von Erwachsenen nicht wahrgenommen beziehungsweise nicht nachvollzogen werden können. Das Kind fühlt sich aufgrund seiner erlebten Ohnmacht Kräften ausgesetzt, auf die es keinen Einfluss nehmen kann. Die klassischen, uns oft grausam erscheinenden Märchen spiegeln im Prinzip kindliches Innenleben wider: Kinder **erleben** die Furcht, verzaubert, gefressen, gefangen zu werden oder sterben zu müssen. Sie sind darauf angewiesen, dass letztendlich das «Gute» siegt, dass es Lösungen und Auswege gibt und auch der «Schwache» eine Chance hat.

Warum ist es für uns Eltern so wichtig zu verstehen, dass das Weltbild eines Kindes sich grundlegend von dem eines Erwachsenen unterscheidet?

Erst wenn wir uns in das kindliche Weltbild hineinversetzen, können wir angemessen mit einem Kind umgehen und erkennen, welche unserer Maßnahmen fruchten werden und welche zum Scheitern verurteilt sind. Dieses Wissen kann uns dabei helfen, die Reaktionen unseres Kindes besser einzuschätzen. Wir können versuchen, uns in die Sichtweise eines Kindes einzufühlen, und so effektiver darauf eingehen.

Kommen wir auf das obige Beispiel zurück: Für ein Kind im Alter von Laura bedeutet das morgendliche Verlassen des Zuhauses ein Abschiednehmen mit ungewissen Folgen. Sie weiß nicht, ob und wann sie wiederkommt (mangelndes Zeitgefühl), was sie erwartet, ob sie ohne Mama zurechtkommt und so weiter. Mit ihrem Trödeln versucht sie also den Übergang von einer Situation in eine andere zu bewältigen. Sie trödelt zunächst nicht, um ihre Mutter zu ärgern, sondern um sich selbst zu beruhigen. Ihr Verhalten bedeutet nicht notwendigerweise, dass sie innere Konflikte erlebt (nicht von zu Hause wegzuwollen, ihre Mutter zu früh entbehren zu müssen oder Angst vor dem Kindergarten zu haben), was man trotzdem überdenken sollte, wahrscheinlicher ist aber, dass sie ihr Trödeln «ritualisiert» hat, um sich «Abschied» und «Neuanfang» zu erleichtern.

Sehen wir uns nun die Reaktionen von Sabine an: Sie versucht zwar wohlmeinend alles, um auf Laura einzugehen, erfasst aber nicht wirklich, was in ihr vorgeht. Schließlich ist sie es, die riskiert, dass das morgendliche Problem zum bleibenden Machtkampf eskaliert. Würde sie sich **in das altersgemäße Weltbild hineinversetzen,** wäre es für sie leichter, Laura angemessene Lösungen anzubieten. Sie könnte zum Beispiel mit Laura zusammen alternative «Abschiedsrituale» erfinden («Wir sagen jetzt zusammen jedem deiner Schlaftierchen auf Wiedersehen und du erzählst allen, wann du wieder hier sein wirst»). Hilfreich ist auch immer von eigenem Unbehagen zu erzählen («Mir fällt es auch manchmal schwer aufzubrechen»). Erwachsene vergessen oft, dass auch sie die kindlichen Ängste einmal gut kannten und viele von uns nur die frühen «Rituale» durch andere ersetzt haben: zum Beispiel den ganz persönlichen morgendlichen Rhythmus mit festgelegten Handlungsabläufen, in dem sich die meisten Erwachsenen nur sehr ungern stören lassen.

Mit diesen oder ähnlichen Reaktionen hätte Sabine Lauras Problem ernst genommen, ohne es überzubewerten. Indem Laura erfährt, dass jemand sie versteht und ihr Hilfsangebote macht, kann sie lernen ihre Unsicherheit allmählich zu überwinden und sozusagen im Gegenzug die Wünsche ihrer Mutter ebenfalls zu respektieren.

Kinder lernen durch ihre Orientierung an ihren Bezugspersonen genau das zurückzugeben, was ihnen entgegengebracht wurde. Die altmodische Erkenntnis, dass nur das Vorbild erzieht, ist also immer noch hochaktuell.

Kinder brauchen Rituale, die ihnen dabei helfen, sich sicher zu fühlen. Halten Sie sich an traditionelle Formen (Gebete, Gutenachtgeschichten) oder entwickeln Sie mit Ihren Kindern individuelle kleine Rituale, die besonders in den schwierigen Momenten des Tagesablaufes Halt und Struktur geben.

Rituale vermitteln Kindern sozusagen eine «innere Ordnung», die ihnen dabei hilft, ihre Ohnmacht und ihre Unsicherheit den Unwägbarkeiten gegenüber zu bewältigen. Geben Sie Ihren Kindern die Idee von einer höheren Macht weiter, die sie beschützt und die auch über den Eltern steht. Ihrem Weltbild entsprechend können Kinder sehr viel mit dem Bild des «Schutzengels» anfangen. Kinder haben ein Gespür für die nichtmaterielle Welt und können durch schützende und begleitende Vorstellungen ihr Urvertrauen stärken.

Kinder brauchen überschaubare, sich wiederholende Abläufe, die Gewohnheit gibt ihnen Geborgenheit. Abwechslung bedeutet für sie eher Chaos als Vielfältigkeit.

Pflegen Sie mit Ihren Kindern familiäre, religiöse und jahreszeitliche Rituale und Traditionen. Alltägliche oder wöchentliche Gepflogenheiten (das gemeinsame Sonntagsfrühstück, der gemeinsame Spaziergang, das regelmäßige Sich-Zusammensetzen, um zu erzählen) stellen für alle Familienmitglieder ein hervorragendes Stressregulativ dar und stärken den familiären Zusammenhalt. Auch Paare fühlen sich umso glücklicher, je besser es ihnen gelungen ist, verbindende Rituale in ihrer Beziehung aufrechtzuerhalten.

Während seines Aufwachsens erlebt das Kind zahlreiche Situationen anders als Erwachsene, was viel Stoff für Missverständnisse zwischen Eltern und Kindern bietet. Mit zunehmendem Alter treten die kleinkindlichen Ängste in den Hintergrund, das Kind bleibt aber dennoch stark auf sich selbst bezogen. Es versucht, sich mit den Schlüssen, die es aus dem elterlichen Verhalten zieht, zu arrangieren und seine persönlichen «Überlebensstrategien» zu bilden. Bei diesem Zusammenspiel kommen natürliche und angeborene Eigenschaften und Wesenszüge zum Tragen, was Eltern vor unterschiedlich schwere Erziehungsaufgaben stellt. Unabhängig davon gibt es aber regelmäßige zu beobachtende Folgen elterlicher Einwirkung. So werden aus unterstützten Kindern vermehrt kraftvolle Kinder, aus ermutigten mutige, aus gedemütigten Kindern gehemmte und aus geschlagenen unehrliche.

Die Grundlage jeder Erziehung ist also die Aufgabe, eine **erzieherische Perspektive** für den Nachwuchs zu entwickeln: **Wie soll sich mein Kind entwickeln?**

Wenn ich ihm dabei helfen möchte, ein kraft- und liebevoller, lebenstüchtiger Erwachsener zu werden, muss ich ihm die Chance geben, die dazu nötigen Eigenschaften während seiner Kindheit zu entwickeln.

Während man ein Baby nicht verwöhnen kann, solange es auf unsere uneingeschränkte Fürsorge angewiesen ist, beginnt der Erziehungsprozess mit dem Eigenständigwerden des Kindes. Wenn wir die altersgemäßen Bedürfnisse eines Kindes im Auge behalten, dürfte es nicht allzu schwierig sein, es allmählich in die familiären Spielregeln einzubeziehen und ihm nach und nach auch Rücksichtnahme abzuverlangen.

Fragen Sie sich: Welche Schlüsse wird mein Kind aus meinem Verhalten ziehen?

Der sonntägliche Streit entzündet sich bei Familie Berger beim Mittagessen. Vater Berger besteht auf ein gepflegtes, gemeinsames Mahl, wenn er vom Tennisspielen zurückkehrt, was Mutter Berger, wenn sie ehrlich ist, doch etwas stresst, seitdem die sechsjährigen Zwillinge auf der Welt sind. Zumal Vater Berger aus Gründen der Geselligkeit gerne Verwandte oder Freunde dazulädt. Vater Berger stellt sich unter guter Erziehung vor allem gute Tischsitten vor, was heißt, dass die Kinder ihre Teller leer essen, sich ruhig verhalten und sitzen bleiben sollen, bis alle

mit dem Essen fertig sind. Spätestens beim Hauptgericht stützt Martina ihre Ellbogen auf den Tisch, um ihren Kopf zu halten, und stochert lustlos und gelangweilt in ihrem Essen, Markus beginnt mit dem Stuhl zu schaukeln und mit seinem Messer an den Rillen seines Glases entlangzuschrammen, weil das so einen lustigen Ton macht. Der strafende Blick des Vaters sorgt nur kurzzeitig für Unterbrechung. Auch das unauffällige Eingreifen von Mutter Berger bringt keinen dauerhaften Erfolg. Schließlich landet Martinas Ärmel in der Bratensoße, während Markus mit seinem Stuhl umkippt und sein Glas mit sich reißt. Vater Berger explodiert und schickt die beiden ohne Nachspeise auf ihr Zimmer, während Mutter Berger verlegen versucht Ordnung zu machen und die Situation entschuldigend zu retten. Die Stimmung ist dahin und sobald die Gäste gegangen sind, entsteht zum wiederholten Male die fruchtlose Diskussion über unterschiedliche Erziehungsstile:

Vater: Ist es denn zu viel verlangt, wenn die Kinder sich am Tisch ordentlich benehmen sollen? Das werden sie ihr ganzes Leben brauchen! Ich verstehe nicht, warum du ihnen immer so viel durchgehen lässt und mir dann auch noch in den Rücken fällst, indem du sie verteidigst. Mit guten Manieren und Höflichkeit kommt man immer noch am weitesten.

Mutter: Sie sind doch erst sechs und es ist doch langweilig für sie, wenn sich das Essen so lange hinzieht.

Vater: Wir können eben nicht nur nach dem Lustprinzip leben, mir machen auch viele Dinge keinen Spaß. Bei uns zu Hause wurde auf viel mehr Regeln bestanden und es hat mir schließlich nicht geschadet.

Die Eltern Berger haben schon viele derartige Debatten

hinter sich. *Vater Berger hat streng vorgefasste Normen, was Erziehung betrifft. Er hat einen anstrengenden Beruf und möchte zu Hause einen relativ reibungslosen Ablauf, ohne große Unordnung oder Störungen in seinem persönlichen Rhythmus. Er macht sich keine großen Gedanken über kindliches Innenleben, er möchte, dass man auf ihn hört, so wie er seinerzeit seinem Vater gehorchen musste. Auch über seine eigenen Impulse und Motive hat er nie groß nachgedacht; nachdem sich sein Leben einigermaßen erfolgreich gestaltet, hält er das nicht für nötig.*

Mutter Berger fühlt sich mittlerweile eher verunsichert, was den Umgang mit den Zwillingen betrifft. Von Anfang an durch die Konfrontation mit gleich zwei Kindern überfordert, hat sie stets das Gefühl, wenigstens einem Kind nicht gerecht werden zu können, was bei ihr zu einem permanent schlechten Gewissen führt. Daraus resultiert eine übermäßige Nachgiebigkeit, zumal sie im Gespräch mit anderen Müttern erkannt hat, dass ihr Mann zu viel von den Kindern verlangt. Dennoch weiß sie weder, wie sie in Ruhe mit ihrem Mann reden soll, noch hat sie eine Methode gefunden, den Kindern wenigstens die Verhaltensweisen beizubringen, die auch sie erzieherisch für nötig hält, um zum Beispiel einmal ein ungestörtes Telefongespräch mit ihrer Freundin führen oder sich ab und zu mittags eine halbe Stunde hinlegen zu können.

Wir treffen in unserem Beispiel auf zwei sehr typische Erziehungsstile, die sich oft auch gegenseitig bedingen und trotzdem nicht zum gewünschten Erfolg führen.

Der strenge Erziehungsstil, vertreten durch Vater Berger, wird häufig unreflektiert aus der eigenen Kindheit übernommen. Der entsprechende Elternteil hatte oft selbst entweder einen sehr strengen Vater (oder Mutter) oder einen besonders schwächlichen, vor dem er keinen Respekt entwickeln konnte. Da auch er keine Einfühlung in sein Wesen erfahren hat, zieht er es als Erwachsener vor, weder sich selbst zu hinterfragen (wodurch er erfahrenes Leid, das ihn im tiefsten Inneren verletzt hat, als «unschädlich» rechtfertigen kann) noch sich zu überlegen, was in seinen Kindern vorgehen könnte (was ihn selbst mit seinem «inneren Kind», das er einmal war, konfrontieren und vielleicht traurig machen würde). Er fordert also Verhaltensweisen, ohne wirklich zu wissen, ob oder warum sie ihm persönlich tatsächlich wichtig sind, ohne zu hinterfragen, ob sein «Vaterbild» mit seinem Selbstbild übereinstimmt, und ohne jegliche erzieherische Perspektive (was für Schlüsse soll mein Kind aus meinem Verhalten ziehen?).

Dieser Erziehungsstil verhindert einen echten Kontakt zwischen Vater und Kind, da das Kind sich seinerseits als Person nicht wirklich wahrgenommen fühlt. Es glaubt, dass es dem Vater mehr um seine Prinzipien als um sein Kind geht, was der Vater weit von sich weisen würde, wüsste er, was in seinem Kind vorgeht. Die Reaktionen auf Seiten des Kindes, das den Ursprung von Vaters Verhalten nicht erkennen kann, sind das Resultat einer zunehmenden Enttäuschung und variieren je nach Temperament zwischen resignierender Anpassung («Ich habe ja sowieso keine Chance»), Sich-Entziehen («Soll er reden, was er will»), kämpferischem Aufbegehren («Ich muss ihn dazu bringen, zu verstehen, um was es mir geht») oder perfektionistischen Anstrengungen («Irgendwann muss er doch sehen, wie gut ich alles mache, und zufrieden sein»). Beide denken und fühlen ohne böse Absicht aneinander vorbei, was nur für das Kind entwicklungsbedingt «normal» ist.

Der nachgiebige Erziehungsstil wird, auch wenn wir damit Klischees bedienen, häufiger von Frauen praktiziert. Die Ursache mag in der weiblichen Sozialisation liegen, wo nach wie vor weibliche Selbstbehauptung oder Durchsetzungskraft weniger gefördert wird und darüber hinaus Müttern oft die «Hauptschuld» an Erziehungsfehlern angelastet wird. Mütter lassen sich leichter verunsichern und sie haben weniger Probleme damit, die eigene Einstellung im Vergleich mit anderen kritisch zu hinterfragen, weil sie in der Regel weniger als Väter auf selbstdarstellerischen Konkurrenzkampf programmiert sind. Mutter Berger hat das typisch mütterliche Gefühl der Unzulänglichkeit (Schuld, dem Kind keine «idealen» Bedingungen zu bieten) und den Wunsch, es perfekt zu machen (Mädchen «lernen» seit jeher, dass sie perfekte Frauen, Mütter, Geliebte, Gastgeberinnen, Ratgeberinnen, Sozialarbeiterinnen, Töchter und seit jüngerer Zeit auch erfolgreiche Geschäftsfrauen oder Berufstätige sein sollten). Die Folge ist, dass sie im Gegensatz zu Vater Berger nicht darauf schaut, dass es *ihr* gut geht, sondern sie ist darauf geeicht, dass *andere* zufrieden sind. Also spielt sie «Puffer» zwischen Vater und Kindern, übergeht aber auch völlig ihre eigenen Bedürfnisse, was das Gefühl

31

der Überforderung steigert. Frauen, die so handeln, geraten häufig in einen unglückseligen Teufelskreis: Sie sehen zu, bis sie nicht mehr können, um dann in einem unpassenden Moment völlig unmotiviert zu explodieren, was postwendend die Schuldgefühle steigert und in den «Opfern» nichts als überraschtes Staunen hinterlässt.

Für die Kinder ist auch diese Haltung nicht förderlich. Entweder entwickeln sie sich zu fordernden Monstern, weil sie weder Grenzen noch Rücksichtnahme kennen, oder sie werden ängstlich, weil ihnen Halt und Orientierung fehlt.

Der eine Elternteil handelt also unreflektiert, der andere orientierungslos. Die daraus resultierenden Missverständnisse, Spannungen und Konflikte müssen den Alltag mit Kindern fast zwangsläufig verkomplizieren. Zurück bleibt Frustration auf allen Seiten, zumal in der Regel niemand mit böser Absicht handelt oder einen Konflikt heraufbeschwören will.

Wie also kann man den Alltag mit Kindern langfristig vereinfachen?

Versuchen wir die bisher wichtigsten Regeln herauszukristallisieren:

- **Einfühlung in das altersentsprechende Weltbild des Kindes**

- **Ernstnehmen der kindlichen Bedürfnisse**

- **Erkennen und Reflektieren der eigenen Beweggründe**

- **Entwurf einer Erziehungsperspektive (welche langfristigen Schlüsse wird mein Kind aus meinem Verhalten ziehen?)**

- **Finden von Lösungen oder Kompromissen, die keinen «Verlierer» hinterlassen**

Kehren wir zurück zu den Bergers: Wie könnte das Verhalten der Eltern aussehen unter Berücksichtigung unserer oben gewonnenen Erkenntnisse?

Vater Berger könnte sich klarmachen, dass es für sechsjährige Kinder sehr schwierig nachzuvollziehen ist, warum man ruhig sitzen bleiben (was noch dazu in diesem Alter sehr unphysiologisch ist, da Kinder auch kleinste Bewegungen zur Spannungsabfuhr und zum Aufbau ihrer Haltung benötigen) oder still sein sollte **(Einfühlung in das kindliche Weltbild).** *Er respektiert, dass die Kinder nach einiger Zeit nicht mehr sitzen bleiben wollen* **(Ernstnehmen der kindlichen Bedürfnisse).** *Er überlegt sich, warum das gemeinsame Bei-Tisch-Sitzen für ihn so wichtig ist. Er erkennt, dass er einesteils nur vor seinem Vater gekuscht hat, als ihm das Ruhig-sitzen-Bleiben beigebracht wurde, und dass er sich nicht besonders wohl dabei fühlte. Andererseits vermittelt es ihm heute ein Gefühl von Gemeinsamkeit, Geselligkeit und familiärer Gebor-*

genheit **(Erkennen und Reflektieren eigener Beweggründe)**. *Er möchte nicht, dass seine Kinder ihn als streng autoritären Vater wahrnehmen (und sich von ihm zurückziehen, so wie er es bei seinem Vater gemacht hat). Andererseits möchte er seinen Kindern gerne seine positiven Gefühle vermitteln, um den Wert der Familie zu unterstreichen* **(Entwurf einer Erziehungsperspektive)**. *Er sagt zu seinen Kindern: «Wisst ihr, es ist für mich ein schönes Gefühl, wenn wir gemeinsam am Tisch sitzen und uns unterhalten, wozu gehört, dass jeder aussprechen darf. Ich kann aber auch verstehen, dass es für euch ein bisschen lang wird. Ihr dürft euch zum Hauptessen so viel selbst nehmen, wie ihr noch essen könnt, und sobald ihr Kinder mit dem Essen fertig seid, dürft ihr aufstehen* **(Finden von Lösungen)**.

Mutter Berger versucht sich in das Weltbild ihrer Kinder einzufühlen und die daraus resultierenden Bedürfnisse ernst zu nehmen. Allerdings ist auch sie sich nicht über die Beweggründe, die sie zu ihrer erzieherischen Haltung (übertriebene Nachgiebigkeit) führen, im Klaren. Wenn sie darüber nachdenken würde, könnte sie erkennen, dass sie als Kind hauptsächlich dann Zuneigung und Anerkennung bekam, wenn sie «brav» war, ihre Bedürfnisse hintanstellte und «funktionierte». Heute ist diese Verhaltensweise zwar für alle anderen bequem, ihre Kinder werden sie ihr allerdings nicht danken. Sie muss also lernen, dass sie auch als Mutter ein Recht auf Selbstliebe und eigene Bedürfnisse hat **(Erkennen und Reflektieren eigener Beweggründe)**. *Sie überlegt: Einerseits möchte ich das Vertrauen meiner Kinder gewinnen, indem ich ihnen zeige, dass ich sie ernst nehme. Andererseits müssen* *sie lernen, dass man sich auch selbst ernst nehmen darf und dass man auf die Bedürfnisse anderer genauso Rücksicht nehmen muss* **(Entwurf einer Erziehungsperspektive)**. *Sie sagt zu den Kindern: «Ich möchte mich jetzt gerne eine halbe Stunde ausruhen (telefonieren, Zeit für mich haben), bitte lasst mich so lange in Ruhe, dafür nehme ich mir nachher Zeit, mit euch zu spielen»* **(Anbieten von Lösungen).**

Stellen Sie zusammen mit Ihrem Partner und später mit den größeren Kindern einige wenige Regeln auf, an die sich alle Familienmitglieder konsequent halten.
Erneuern Sie die Liste gelegentlich.
Berücksichtigen Sie dabei die wichtigsten Bedürfnisse jedes Einzelnen.

Je kleiner die Kinder sind, umso mehr verlangen sie den Eltern das Zurückstellen der elterlichen Bedürfnisse ab, mit zunehmendem Älterwerden kann man dies allmählich in eine ausgeglichenere Balance überführen. Trotzdem obliegt es immer den Eltern, den Überblick zu bewahren und Konfliktlösungen zu suchen (der Ältere sollte der Klügere sein!). Dies bedeutet nicht, dass Eltern nicht impulsiv sein oder älteren Kindern nicht auch einmal eine Entschuldigung abverlangen dürften, es bedeutet aber, dass eine Erziehung nur selten ohne Überlegung glückt.

Auch wenn dies nach Anstrengung klingt, vereinfacht sich das Zusammenleben mit Kindern dadurch erheblich. An den Beispielen sehen wir, dass es nicht so kompliziert ist, sich in eine neue Haltung einzuüben.

Darüber hinaus kann es für die Eltern eine Reise zu sich selbst und dadurch zu einem befreiteren Selbstverständnis werden. Und auch eine durch Elternschaft belastete Paarbeziehung kann neue Nähe und Impulse gewinnen, wenn die Partner sich entschließen, sich über ihre unterschiedlichen Überlegungen auszutauschen, und dabei auf Be- oder Verurteilungen verzichten.

Michaela steht, wie so oft abends, in der Küche, spült das restliche Geschirr und räumt auf. In letzter Zeit spürt sie zunehmend Ärger in sich aufsteigen, weil niemand von ihrer Familie sich bemüßigt fühlt ihr zu helfen. Georg, ihr Mann, schlüpft, nachdem er um 18 Uhr nach Hause gekommen ist, in seinen Trainingsanzug und setzt sich mit einem Bier vor den Fernseher. Er unterbricht nur, um mit seiner Familie zu Abend zu essen. Er ist keiner der Männer, die selbstverständlich im Haushalt mithelfen, er findet, dass er mit seiner alltäglichen Arbeit genug für die Familie tut, schließlich braucht er Erholung. Auch bei Caro, der siebzehnjährigen Tochter, und Nico, dem fünfzehnjährigen Sohn, ist es Michaela nicht gelungen, sie ausreichend zur Mithilfe zu motivieren. Michaela war selbst die Älteste mit einem jüngeren Bruder und fand es in ihrer Kindheit immer ungerecht, dass sie helfen sollte, während der Bruder verschont wurde. Also vermied sie, Caro ebenfalls diese Erfahrung zuzumuten, und irgendwie schaffte sie es auch

nicht, beide Kinder einzuspannen. Als die Kinder kleiner wa-
ren, war Michaela ganz zu Hause und fand es selbstverständ-
lich, sich um alles zu kümmern. Seit die Kinder älter sind, ar-
beitet sie vormittags in einer Anwaltskanzlei, vor allem auch
um Geld für Sonderwünsche hinzuzuverdienen. Obwohl sie
kaum noch Freizeit hat, bringt sie es nicht fertig, ihre Familie,
die zwar gerne die Vorteile ihrer Berufstätigkeit genießt, aber
ihre Bequemlichkeit nicht so gerne aufgeben möchte, zu for-
dern. Zwar bittet sie Caro gelegentlich Einkäufe zu überneh-
men, doch jeder weitere Auftrag scheitert an der Aussage, dass
Caro ja nun schließlich schon für sie eingekauft habe, während
die anderen gar nichts täten. Nico verweist kategorisch auf sei-
nen Vater und muss außerdem immer dann, wenn Michaela
etwas braucht, dringendst lernen. Michaela hatte bald keine
Lust mehr auf nichtsnutzige Diskussionen und hoffte, irgend-
jemand würde irgendwann von allein auf die Idee kommen, ihr
zu helfen. Doch bis heute ist kein Wunder geschehen und nun
spürt sie, wie sie die Lust und die Kraft verlässt, ständig um des
lieben Friedens willen für eine wohlwollende familiäre Atmo-
sphäre zu sorgen.

In Bezug auf Mithilfe gibt es zwei «Gefahrenpunkte» im
Arbeitsleben einer Hausfrau: erstens der Moment, wo sie
ihre Berufstätigkeit aufgibt und damit versehentlich ihren
Mann aus häuslichen Pflichten entlässt, und zweitens das
Versäumnis, Kinder rechtzeitig in die Arbeit mit einzubeziehen. Viele Eltern sind der irrigen Ansicht, Kindheit
und Jugend bedeuten einerseits eine Art Schonzeit vor
dem Erwachsenenleben, in der Kindern zumindest zu

Hause nichts zugemutet werden und man nichts von ihnen erwarten darf, während man sie andererseits nicht genug fördern kann, was Ausbildung und Aneignung besonderer Fähigkeiten betrifft, so dass sie schon ab dem Kindergarten einem Druck und Terminstress ausgesetzt werden, die einem Manager Ehre machen würden. Bis ungefähr zur Pubertät löst dieses «Verschwinden der Kindheit» in vielen Eltern Mitgefühl und Wehmut aus, so dass sie ihren Kindern nicht auch noch die alltäglichen Banalitäten abverlangen wollen, wo das Leben sowieso schon so hart ist und der eigentliche Kampf (nämlich der, in dem die Eltern sich glauben) erst noch bevorsteht. Kein Wunder, dass die so «Geschonten» nicht einsehen, dass sie in der Pubertät dann plötzlich mithelfen sollten.

Den größten Gefallen tut man allen Beteiligten, wenn man schon bei kleinen Kindern beginnt, ihnen leichte Aufgaben zu übertragen, die sie in diesem Alter meist noch mit großem Stolz und Freude meistern (sofern man darauf verzichtet, sie zu korrigieren, und kleine Schwächen unauffällig nacharbeitet). Sie wachsen auf diese Art ganz natürlich und selbstverständlich in die alltäglichen Arbeitsabläufe hinein und ziehen daraus sogar Selbstwertgefühl, weil sie erleben, dass sie ihren Anteil beitragen und dabei wichtig sind. Auch Männer und Kinder können den Tisch decken und abräumen, ihren Teller in die Spülmaschine stellen, in der Küche helfen, das benutzte Waschbecken trockenreiben, Schaufel und Besen zur Hand nehmen oder Dreck von den Schuhen bürsten!

**Beziehen Sie Ihre Familie in die häuslichen Pflichten mit ein!
Lassen Sie keinen Zweifel daran, dass Familie ein
Gemeinschaftsunternehmen ist, zu dem jeder etwas
beitragen muss.**

Frauen fühlen sich nach wie vor zum Großteil dafür verantwortlich, dass zu Hause alles läuft, egal, wie viel sie sonst am Hals haben. Viele haben ein schlechtes Gewissen dabei, ihre eigenen Bedürfnisse einzufordern und ihren Lieben die Erfüllung häuslicher Aufgaben abzuverlangen. Schleichend geraten sie in die Dienstbotenrolle und stehen spätestens dann enttäuscht und frustriert vor ihrem «Lebenswerk», wenn die gesamte Familie ihre Bemühungen als Selbstverständlichkeit auffasst und die pubertierenden Kinder Aufforderungen mit unverschämten Antworten quittieren. Rückwirkend wird einem klar, man hat die Kinder maßlos verwöhnt, und nun wird man härtere Maßnahmen ergreifen müssen, um sie aus ihrer Bequemlichkeit aufzuscheuchen.

Wie schon gesagt, fährt man am besten, wenn man den Anfängen wehrt. Was wir brauchen, ist der **Entwurf einer Erziehungsperspektive für unsere Kinder!** Was wollen wir erreichen? Wir wollen selbständige, zupackende, zufriedene, verantwortungsbewusste Kinder großziehen. Durch übermäßige Verwöhnung werden

Kinder unselbständig, bequem, unzufrieden und anspruchsvoll. Zusätzlich fehlt es ihnen schließlich an Mut und Belastbarkeit. Wir laden uns also nicht nur die ganze Arbeit auf, der Dank ist auch noch das Gegenteil von dem, was wir beabsichtigt haben.

Delegieren Sie also einen Teil Ihrer Hausarbeit und erziehen Sie auf diese Weise zufriedene, verantwortungsbewusste Kinder! Erkennen Sie es als wichtiges Erziehungsziel an, dass für Ihre Kinder das Sich-Kümmern um Alltäglichkeiten selbstverständlich wird. Sie erhöhen damit ihre spätere Zufriedenheit und Lebenstüchtigkeit! Regulieren Sie lieber den außerhäuslichen Druck (ein Kurs weniger!) zu Gunsten dieser wichtigen Grundlage. Beziehen Sie schon Ihre Kleinen mit in Ihre Arbeiten ein. Kleine Kinder lieben es, wenn sie helfen dürfen. Nehmen Sie Ihnen nicht die Freude daran und akzeptieren Sie, dass ab und zu etwas danebengeht. Dies ist das kleinere Übel! Lassen Sie mit dem Heranwachsen auch allmählich die Aufgaben größer werden, achten Sie darauf, dass es Dinge sind, die sich wiederholen, die leicht zu bewältigen sind und die der ganzen Familie, auch dem Kind selbst, zugute kommen.

Berücksichtigen Sie die Vorlieben des Kindes so, dass es gerne mithilft. Ziehen Sie Ihr Kind immer wieder heran, so dass es zumindest einen Bereich nach und nach als seine Pflicht erkennt und beginnen kann, Verantwortung dafür zu übernehmen. Loben Sie Ihr Kind, vor allem auch vor anderen, aber vermeiden Sie, sich persönlich dafür zu bedanken, dass es Ihnen hilft. Damit würde die Verantwortung bei Ihnen bleiben und Ihrem Kind der Eindruck vermittelt werden, dass es Ihnen lediglich einen Gefallen tut. Zeigen Sie Ihrem Kind immer wieder, wie stolz Sie auf seinen Beitrag sind. Versuchen Sie die altersmäßigen Möglichkeiten realistisch einzuschätzen und erwarten Sie nicht, dass Ihr Kind die Dinge von selbst tut oder sieht. Damit sind auch Jugendliche noch fast überfordert! Seien Sie verhandlungsbereit, wenn Kinder abwechslungsweise etwas anderes tun wollen oder sich ausnahmsweise stressbedingt überfordert fühlen. Es gehört auch zum harmonischen Alltag, sich gegenseitig zu unterstützen oder zu entlasten, wenn dies erforderlich ist. Gestalten Sie die Aufgaben Ihrer Kinder vom Persönlichen hin zum Gemeinschaftlichen, dass heißt, als Erstes sind sie für ihren persönlichen Belange zuständig, als Nächstes für Beiträge zum Familienwohl.

Falls Sie versäumt haben, Ihre Kinder von klein auf mit einzubeziehen, werden Sie um einige Überzeugungsarbeit nicht herumkommen. Berufen Sie zu diesem Zweck **Familienkonferenzen** ein, an denen alle Familienmitglieder teilnehmen. Erzählen Sie von Ihren Gefühlen und Gedanken und machen Sie unmissverständlich klar, dass Sie in Zukunft nicht alleine zuständig sein werden. Erbitten Sie Lösungsvorschläge (Anregungen finden Sie in Kapitel vier zu Konflikten) und versuchen Sie gemeinsam Regeln auszuhandeln.

Sollten Ihre Kinder sich trotzdem sträuben, ihre Aufgaben zu erfüllen, oder Sie ständig vertrösten, weisen Sie sie auf Konsequenzen hin: «Mir ist wichtig, dass einmal in der Woche dein Zimmer sauber gemacht wird. Wenn du dies bis Freitagabend nicht schaffst, musst du dir abends Zeit nehmen, anstatt wegzugehen» oder «Du kannst erst spielen gehen, wenn du fertig aufgeräumt hast». Legen Sie keine perfektionistischen Maßstäbe an, auch Sorgfalt lernen Kinder am besten an Ihrem Vorbild.

Falls Sie den Eindruck haben, auf Strafen in Ihrer Erziehungsarbeit nicht verzichten zu können, denken Sie daran, dass es sich immer nur um logische Konsequenzen handeln sollte, die sich aus dem Verhalten des Kindes ergeben und die im direkten Zusammenhang mit der Verfehlung stehen. Kinder können willkürliche Strafmaßnahmen nicht nachvollziehen und nicht einordnen, so dass dadurch lediglich das Familienklima leidet oder die Kinder sich eingeschüchtert fühlen. Vermeiden Sie unbedingt das Kind zu demütigen! Lassen Sie es nicht so weit kommen, dass Sie die Kontrolle über Ihr Verhalten verlieren, versuchen Sie rechtzeitig über Probleme zu sprechen. Sollten Sie einmal die Beherrschung verloren haben, entschuldigen Sie sich!

Kinder brauchen Unterstützung: Die Welt draußen; Schule, Hausaufgaben und «Termine»

❧

Florian besucht seit Herbst die Grundschule. Obwohl er nach dem Mittagessen lieber erst ein bisschen spielen gegangen wäre, überredete ihn Karin, seine Mutter, mit Nachdruck zuerst seine Hausaufgaben zu erledigen, dann «kannst du später unbeschwerter spielen». Nun müht er sich bereits seit einer halben Stunde mit den Buchstaben ab, die für ihn keinen rechten Sinn ergeben und die obendrein immer unter die Zeilenlinie rutschen.

Vor dem Fenster zwitschert ein Vogel, Florian beobachtet ihn eine Weile. Schließlich rutscht er von seinem Stuhl und öffnet das Fenster, um ihm besser zusehen zu können. Vergessen sind die Buchstaben. Da kommt Julian, sein Freund, um die Ecke: «Kommst du ein bisschen raus? Wir könnten Fußball spielen!» – «Warte, ich frag mal.» Florian läuft zu seiner Mutter: «Darf ich?» – «Bist du mit deinen Hausaufgaben fertig?» – «Nein, aber ich verspreche dir, dass ich sie nachher gleich fertig mache!» – «Kommt nicht in Frage, zuerst machst du weiter, du solltest dir von Anfang an angewöhnen, deine Pflichten sofort zu erledigen, dann hast du frei!» Mit hängendem Kopf kehrt Florian zu seinem Platz zurück. Er beeilt sich jetzt fertig zu werden, damit er Julian nicht verpasst. Schon eine Viertelstunde später ruft er: «Geschafft, jetzt gehe ich raus!» – «Halt, hier geblieben», antwortet Karin, «ich möchte erst einmal sehen, was du gemacht hast!» Nachdem sie das Übungsblatt durchgesehen hat, sagt sie: «So kannst du das auf keinen Fall lassen! Die Buchstaben sind ja kreuz und quer. Deine Lehrerin wird damit nicht zufrieden sein. Sie muss ja meinen, dass wir uns überhaupt nicht darum kümmern, ob du deine Sachen ordentlich machst. Schreibe die zweite Hälfte noch einmal, dann kannst du raus!» Florian beginnt zu quengeln: «Och, das dauert ja so lange, dann ist Julian bestimmt weg! Das ist gemein, ich mag jetzt nicht mehr, die blöde Schule, morgen gehe ich gar nicht mehr hin!» – «Je länger du jammerst, umso länger dauert es!» Florian hat die Lust verloren, er beginnt Männchen zu malen, legt seinen Kopf auf die Tischplatte. Genervt setzt sich Karin schließlich neben ihn hin, drängt ihn zu jedem Strich, ermahnt ihn mit dem Gezappel aufzuhören, nimmt ihm zum Schluss den Stift aus der Hand, um ihm einige Buchstaben vorzumalen.

Am Ende des Nachmittags ist Florian unleidlich, weil es zu spät ist, Julian zu treffen. Zwar darf er jetzt das Kinderprogramm anschauen, aber dann muss er schon wieder ins Bett, und morgen Schule ...! Karin ist entmutigt, weil sie nicht schon in der ersten Klasse so viele Schwierigkeiten erwartet hat, sie hat auch ein schlechtes Gewissen, weil Florian nicht an die fri-

sche Luft gekommen ist. Darüber hinaus ist sie mit ihrer Haus-
arbeit nicht fertig geworden und nun kommt schon gleich ihr
Mann nach Hause. Später erzählt sie ihm: «Florian wird wohl
von Anfang an Unterstützung benötigen, er kann sich über-
haupt nicht konzentrieren, geschweige denn ruhig sitzen blei-
ben. Wenn ich nicht nebendran sitze, passiert überhaupt nichts.
Außerdem vergisst er seine Sachen einzupacken, so dass ich je-
den Tag seinen Schulranzen kontrollieren muss. Wenn wir
wollen, dass er eine vernünftige Schulbildung absolviert, werde
ich mich wohl intensiv um ihn kümmern müssen. Von alleine
schafft er das nie!»

Ähnliche Szenen zu einem früheren oder späteren Zeitpunkt kennen fast alle Eltern. Am Thema Schule schei-
den sich die Geister und in nicht wenigen Familien ist es
die gesamte Schulzeit über das Dauerthema, welches den
Kontakt und die Beziehung zwischen Eltern und Kindern
am meisten beeinflusst.

Vorweg: Es gibt *kein* Kind, das nicht von Natur aus
wissbegierig und interessiert ist. Daraus folgt, dass eigentlich jedes Kind, ungeachtet seines Temperamentes,
gerne lernen müsste, was leicht in den Jahren bis zur
Schulzeit, in denen die Kinder ja enorm viel lernen, zu
beobachten ist. Was passiert also mit Eintritt in die
Schule?

Normalerweise geht ein Kind genauso aufnahmebereit,
unvoreingenommen und neugierig, wie es bisher war, in
die Schule. Nur bei diesem Schritt hört plötzlich der Spaß
auf. Leider sind es in der Regel die Erwachsenen, die diese

Sichtweise («Jetzt kommt der Ernst des Lebens») impli-
zieren und damit ursächlich an den künftigen Schwierigkeiten beteiligt sind. Die erste Hürde, auf die das Kind
trifft, sind also die geballten Erwartungen der Eltern. Es
gibt kaum Eltern, die sich beim Thema Schule zurückneh-
men und erst einmal genauso unvoreingenommen wie ihr
Kind an die Sache herangehen können. Die meisten Eltern haben bei allem, was die Schule betrifft, von Anfang
an das Bedürfnis (anders als beim spielerischen Lernen in
den vergangenen Jahren) daran teilzuhaben. Mütter (gegebenenfalls auch Väter) mutieren oft vom ersten Tag an
zu «Hilfslehrerinnen», die sich alles zeigen lassen, über-
wachen, kontrollieren und korrigieren, erklären und ordnen. Dabei haben sie meist kein pädagogisches Anliegen
im Kopf, sondern vorgefasste Erwartungen an die Reaktion des eigenen Kindes («Ich bin mal gespannt, ob er jetzt
in der Schule ruhig sitzen bleiben kann», «. . . sich konzentrieren kann», «. . . schneller arbeitet als im Kindergarten» und so weiter), Erinnerungen an die eigene Schulzeit, unbewusste Ansprüche an die eigene gesellschaftliche
Stellung («Was soll denn die Lehrerin von uns denken,
wenn der Schulranzen unserer Tochter wie eine Müllhalde
aussieht?», «Wie stehen wir denn da, wenn unser Sohn das
nicht begreift?»), Zukunftsängste («Wenn unser Kind in
der heutigen Welt zurechtkommen soll, muss es von Anfang an Gewissenhaftigkeit und Pflichtbewusstsein lernen») und Erwartungen an die eigenen elterlichen Fähigkeiten («Es muss doch möglich sein, ihn dazu zu bringen,
gewissenhaft zu lernen»). Aus der in der Vergangenheit

unterstützenden Haltung («Das hast du aber toll gebastelt oder gemalt, gesungen oder gebaut») wird eine kontrollierende, fordernde Haltung.

Jedes Kind möchte erfolgreich sein!

Versuchen wir, uns in das **altersgemäße Weltbild hinein-zuversetzen**. Was erlebt das Kind? In seinem bisherigen Leben durfte es sich erproben. Irgendjemanden gab es immer, der von seinen Werken zu begeistern war, und sei es die Oma. Wenn es mal nicht weiterwusste, zeigte ihm die Mama den nächsten Schritt, und wenn wirklich etwas danebenging, tröstete der Papa. Wenn man keine Lust mehr hatte zu malen, konnte man draußen spielen oder sich eine Märchenkassette anhören. Mit diesen Erfahrungen und Vorstellungen beginnen die meisten Kinder ihre Schulzeit. Zunächst macht es Spaß, jetzt zu den «Großen» zu gehören und einen Schulranzen zu bekommen. Sie freuen sich über die vielen bunten Materialien und darüber, dass sie neue Freunde kennen lernen, die sie von jetzt an täglich sehen können. Auch die Regelmäßigkeit und das soziale Lernen werden nach und nach akzeptiert. Die Kinder verstehen, dass jeder seinen Platz haben muss, nicht alle gleichzeitig reden können und man den tollen Radiergummi vom Nachbarn nicht einfach mitnehmen kann.

Was sich aber für das Kind sehr überraschend und unverständlich verändert, ist die Einstellung der Eltern. Plötzlich werden seine Bemühungen nicht mehr bewundert und mit Lob bedacht, im Gegenteil, es scheint nichts gut genug zu sein. Das Kind spürt, dass seine schulischen Leistungen etwas ganz furchtbar Wichtiges für die Eltern sind, anders als seine früheren Basteleien, und es verkrampft sich. Darüber hinaus scheint sich plötzlich niemand mehr dafür zu interessieren, ob man müde ist oder schon lange nicht mehr sitzen kann; die Verkrampfung nimmt zu. Kommt jetzt noch Kritik und Tadel hinzu, kann man sich vorstellen, dass das bei Kindern noch zarte Pflänzchen der Motivation schnell dahinwelkt. Genau hierin liegt aber der Schlüssel zum Erfolg.

Die wichtigste Aufgabe von Elternhaus und Schule ist, das Schulkind zu motivieren, so dass Leistungswillen und Leistungsfähigkeit angeregt werden, die ursprüngliche Freude am Lernen erhalten bleibt und es zu Selbständigkeit und Eigeninitiative ermutigt wird.

Setzen Sie sich bei Elternabenden und Lehrergesprächen besonders in den ersten Schuljahren vehement dafür ein, dass die Schule, genauso wie Sie selbst, eine unterstützende, motivierende und fördernde Haltung einnimmt!

Wenn man Eltern dies sagt, bekunden sie ihre besten Absichten, trotzdem bleiben ihre Bemühungen allzu oft erfolglos. Eltern wünschen sich selbstbewusste, fähige und erfolgreiche Kinder und tun häufig von vornherein alles, um genau das Gegenteil zu erreichen. Gleichzeitig gibt es wohl kaum jemanden, der sich nicht vorstellen kann, um wie viel einfacher und entspannter ein familiärer Alltag wird, wenn Schule kein Reizthema mehr ist.

Denken Sie darüber nach, auf welche Weise Sie Ihr Kind bis zu Beginn der Schulzeit motiviert haben, und machen Sie damit weiter, wenn dies funktioniert hat.

Die Punkte, die wir im ersten Kapitel herauskristallisiert haben (und die uns auch weiterhin begleiten werden), führen uns auch diesmal zu einem veränderten Verhalten:

- **Einfühlung in das altersentsprechende Weltbild**

- **Ernstnehmen der kindlichen Bedürfnisse**

- **Entwurf einer Erziehungsperspektive**

- **Erkennen und Reflektieren der eigenen Beweggründe**

Hinzu kommen diesmal:

- **Vorschuss an Vertrauen in die Fähigkeiten des Kindes**

- **Respektierung der kindlichen Persönlichkeit (keine Demütigung)**

Den ersten Punkt haben wir bereits oben ausgeleuchtet. Die Quintessenz daraus ist, dass wir uns klarmachen, dass ein Kind grundsätzlich lernen will, egal wie es sich zunächst dabei anstellt. Das bedeutet auch zu erkennen, dass das Kind die Dinge, die ihm abverlangt werden (Übungen, Hausaufgaben), nicht sofort kann, sondern erst lernen muss. Damit verbunden sind Fehlversuche, Ungenauigkeiten, Ungeschicklichkeit, Fehler und Versäumnisse. Es ist **nicht** Aufgabe der Eltern, Hausaufgaben zu korrigieren und zu beurteilen. Dazu ist einzig und allein die Lehrerin da. Am günstigsten wäre, die an und für sich vertraute (aus den Kleinkindjahren), unterstützende Haltung beizubehalten. Das heißt, schulische und häusliche Übungen als Erstes einmal die Angelegenheit des Kindes bleiben zu lassen, für das Kind ansprechbar zu sein, wenn es Rat oder Hilfe sucht, und ihm dann lediglich Vorschläge zu machen oder Schritte aufzuzeigen, falls es Verbesserungswünsche hat oder nach der Meinung des Erwachsenen fragt (was kleine Kinder übrigens fast immer tun, wenn sie Vertrauen haben).

Florian aus unserem obigen Beispiel möchte seine Hausaufgaben nicht gleich nach dem Essen machen. Seine Bedürfnisse entsprechen physiologischen Gegebenheiten: Für kleinere Kinder ist das lange Sitzen in der Schule eine Überforderung (geschickte Lehrer bauen Bewegungselemente in ihren Unterricht ein), zudem bedeutet die geforderte Konzentration eine erhebliche Anspannung. Es ist also völlig normal, dass Florian versucht Spannung abzubauen, zudem bringt der frühe Nachmittag vom Biorhythmus her Müdigkeit mit sich. Würde Karin **die kindlichen Bedürfnisse ernst nehmen***, würde sie sich erst einmal vergewissern, wie es mit Florians Leistungsfähigkeit steht. Je nachdem könnte sie ihm erlauben sich auszutoben und mit ihm besprechen, wann er die Hausaufgaben machen möchte (!), oder sie kann ihn ermutigen, es erst zu versuchen, ihn aber dann gehen lassen, wenn sie wahrnimmt, dass er eine Pause braucht.*

Anhand ihrer **Erziehungsperspektive***, einen leistungsfähigen, erfolgreichen, selbständigen Jungen großzuziehen, kann sie ihre Verhaltensweisen überprüfen: «Wenn ich ihn zwinge, sich hinzusetzen, werde ich nur Widerstand hervorbringen, was sich sicher nicht vorteilhaft auf seine Arbeitshaltung auswirkt. Wenn ich ihm überlasse zu entscheiden, wann er seine Arbeiten macht, wird er motivierter sein und es ist in Ordnung, ihn dann auch darauf festzulegen.»*

Entscheidend wichtig ist Karins Umgang mit Florians Leistungen. Wenn sie wie im obigen Beispiel verfährt, zeigt sie Florian, dass **seine** *Schule* **ihre** *Sache ist. Damit ist ein schulzeitlanger Kampf vorprogrammiert. Florian wird ihr nach früherer oder späterer Kapitulation die Initiative über-*

lassen und gelegentliche Machtkämpfe provozieren, *um dann mit beginnender Pubertät in eine zunehmende Verweigerungshaltung zu verfallen. Sie muss also Florian Raum geben, um zu begreifen, dass Schule in Zukunft seine «Arbeit» sein wird, bei der sie ihm zur Seite steht, falls er das möchte. Die Szene in unserem Beispiel könnte idealerweise so aussehen: Florian kommt, um ihr seine Hausaufgaben zu zeigen. Karin sagt: «Das hast du schon ganz gut gemacht. Ich finde nur die Buchstaben etwas schief. Möchtest du das noch verbessern oder meinst du, deine Lehrerin ist zufrieden damit?» Auf diese Weise hat sie seine Bemühung honoriert, aber dennoch ihre Meinung dazu geäußert. Gleichzeitig lässt sie ihm die Freiheit zu entscheiden, was er daraus machen will. Sie übernimmt also* **nicht** *die Verantwortung für seine Leistung. Damit überlässt sie Florian sein Tun und auch die Konsequenzen dafür. Zu Beginn wird er wahrscheinlich alles so lassen, wie er es einmal gemacht hat. Erst an der Reaktion seiner Lehrerin wird er einzuschätzen lernen, ob seine Arbeit gut genug war.*

Schule ist Sache des Kindes und nicht die Ihre! Sie dürfen daran teilhaben und helfen. Wenn Sie jedoch das Kommando übernehmen, schwächen Sie die Eigenverantwortung Ihres Kindes.

Erinnern wir uns, Kinder wollen gut sein, sie wollen das Lob oder das Fleißbildchen von ihrer Lehrerin bekommen, also werden sie lernen, sich darum zu bemühen. Florian findet Orientierung durch das Geschehen in der Schule, er lernt, sich im Verhältnis zu seinen Mitschülern und den von der Lehrerin (!) gestellten Anforderungen einzuschätzen, und kann schließlich seine Leistung darauf abstimmen. Die Verantwortung bleibt damit bei Florian und in der Schule, was den Vorteil hat, dass auch die Lehrerin sich ein klares Bild über die echte Leistungsfähigkeit ihrer Schüler beziehungsweise ihrer eigenen Vermittlungsfähigkeiten machen kann. Florian wird Erfolge und Misserfolge ernten und nach und nach sein Lernverhalten in Beziehung zu seinen Ergebnissen setzen können (was ein Grundstein für spätere Erfolge ist).

Dasselbe gilt für die häusliche Ordnung oder andere, außerhäusliche Aktivitäten. Normalerweise können sich die Eltern im Hintergrund halten und nur dann aktiv werden, wenn Schwierigkeiten auftauchen. Dies kann dann der Fall sein, wenn das Kind sich bemühen will, aber keinen Erfolg hat. An oberster Stelle steht dann das Mitgefühl für das Kind und die daraus resultierende Hilfestellung, also nicht Vorwurf oder Tadel: *«Es tut mir wirklich Leid für dich, dass du wieder kein gutes Ergebnis erzielt hast. Du scheinst dir nicht erklären zu können, woran das liegt. Kann ich dir dabei helfen, es herauszufinden? Weißt du, wenn du eine schlechte Note bekommst, weil du nichts getan hast, musst du das in Kauf nehmen, könntest es aber ändern, wenn du wolltest. Du kannst nur Macht über deine Ergebnisse gewinnen, wenn du weißt, wie sie zustande kommen. Wenn du etwas nicht verstanden hast, können wir sehen, ob wir dir helfen können, oder du lässt es dir von einem Freund erklären!»* Diese Erklärung richtet sich vielleicht eher an schon etwas ältere Kinder, aber sie gilt im Prinzip auch für die kleineren, die noch keine Benotung im eigentlichen Sinn erhalten und erst herausfinden müssen, wie man effektiv arbeitet. Kinder lernen, wie wir alle, über Versuch und Irrtum, Erfolg und Misserfolg. Wenn man davon ausgeht, dass kein Kind faul sein oder schlechte Ergebnisse erzielen will, sondern sich bemüht, wie unzulänglich auch immer, gute Leistungen zu bringen, ist es nur folgerichtig, ihm Trost und Unterstützung anzubieten, wenn dies misslingt.

Zeigen Sie Ihrem Kind Anteilnahme, wenn es Misserfolge oder Schwierigkeiten hat, anstatt ihm Vorwürfe zu machen.

Man kann also etwa die Haltung einnehmen, die man einem sehr guten Freund entgegenbringen würde, der Schwierigkeiten hat («Das tut mir Leid für dich, kann ich dir irgendwie helfen?»). Auf diese Weise wird das Kind mit Schulbeginn (also dem Moment, wo es «in die Welt hinausgeht») zur Eigenverantwortung erzogen, es lernt

Verantwortungsbereitschaft aufzubauen. Das heißt natürlich auch, dass die Verantwortung der Eltern dann gefordert ist, wenn ernsthafte Probleme wahrgenommen werden, wie Lese- oder Rechtschreibschwächen, erhebliche Konzentrationsmängel oder übertriebene Ängste oder Aggressionen. Aber auch dann erreicht man mit Verständnis und Lösungsvorschlägen (wenn nötig, sogar mit Annehmen professioneller Hilfe) mehr als mit Druck. Erstaunlicherweise reagieren viele Eltern auf die Idee, ihre Haltung ihrem Kind gegenüber zu verändern, mit Ungläubigkeit («Das funktioniert nie») und Ablehnung («Das würde bedeuten, dass ich mein Kind untergehen lasse»). Diese Antworten zeigen, dass es die Eltern sind, die häufig bei der ersten Wahrnehmung von Schwierigkeiten die Flinte ins Korn werfen. Kaum zeigt sich ein Kind langsam, ungeschickt, unkonzentriert, ungenau oder schlampig, fühlen sich die Eltern gefordert einzugreifen. Und das Drama beginnt!

Was das Kind benötigt, um aus seinen Erfahrungen zu lernen und seine persönliche Eigenart und seine Arbeitsweise den Erfordernissen anzupassen, ist Zeit, den Spielraum verschiedener Möglichkeiten mit ihren Konsequenzen auszuprobieren, und vor allem **ein Vorschuss an Vertrauen in seine Fähigkeiten** durch seine Eltern, dass heißt, diese müssen daran glauben können, dass ihre Kinder in der Lage sein werden, die von ihnen geforderten Fähigkeiten aus sich heraus zu entwickeln. Jedes normale, durchschnittlich begabte Kind kann das, falls es nicht darin behindert, sondern unterstützt wird. Überraschend vielen Eltern ist diese Vorstellung völlig fremd. Obwohl sie gesehen haben, dass ihr Kind in den Jahren vor der Schulzeit auch ohne ihr ständiges Drängen sitzen, laufen, sprechen, malen und spielen gelernt hat, sind sie der tiefen Überzeugung, dass schulisches Lernen nur mit zusätzlichem häuslichem Druck funktioniert. Zur Begründung führen sie ihre Beobachtung heran, ihr Kind habe von Anfang an (!) nicht die richtige Geduld, Geschwindigkeit, Auffassungsgabe und Sorgfalt besessen und wäre ohne ihr Eingreifen erfolglos geblieben.

Stellen Sie sich vor, Sie beginnen an einer neuen Arbeitsstelle. Sie kennen sich noch nicht aus, finden nichts, wissen nicht genau, was von Ihnen erwartet wird und ob Sie alles zur Zufriedenheit Ihres Chefs erledigen werden. Mit der Zeit orientieren Sie sich an den Hinweisen Ihrer Kollegen und Ihres Chefs und finden sich mit dem Arbeitsstil der Firma zurecht. Mit Ihren zunehmenden Erfolgen steigt Ihr Selbstvertrauen und Ihre Motivation. Jetzt stellen Sie sich vor, bereits nach den ersten Fehlern hätte jemand die Kontrolle über Ihre Arbeiten übernommen, hätte sich neben Sie gesetzt und Ihnen über die Schulter geschaut, Sie auf jede Kleinigkeit hingewiesen und Sie über Ihre richtige Arbeitshaltung belehrt. Wie würden Sie reagieren?

Sie fühlten sich, noch bevor Ihnen jemand die Gelegenheit gegeben hätte, in die Aufgaben hineinzuwachsen und sich zu erproben, ungeeignet und unfähig, würden wütend auf die kontrollierende Person und verlören jedes Selbstvertrauen und jede Motivation. Genauso fühlt ein gegängeltes Kind. Mit einem gravierenden Unterschied: Sie können als Erwachsener aufgrund Ihrer Lebenserfahrung einschätzen, dass ein solches Verhalten unkorrekt und nicht förderlich wäre, und sich dagegen wehren, notfalls indem Sie die Firma wieder verlassen. Aber denken wir an das kindliche Weltbild, es ist der Einwirkung durch seine Bezugspersonen ausgeliefert, kann deren Verhalten nicht als ungerechtfertigt oder ungünstig einschätzen und gewinnt somit die tiefe Überzeugung unfähig zu sein. Es kann der Situation nicht entgehen und einen anderen Weg suchen, also muss es darauf reagieren, mit Widerstand, Rebellion, Phlegma oder Unselbständigkeit. Es beginnt Schule als etwas zu erleben, was scheinbar nicht alleine zu bewältigen ist, zumindest trauen seine Eltern ihm das nicht zu. Damit bleibt die Ausbildung von Selbstvertrauen oder Motivation (Erziehungsaufgabe!) auf der Strecke und Schule wird zur Dauerbeschäftigung für die Eltern.

Warum fällt es vielen Eltern so schwer, ihr Kind in seinem Rahmen frei seine eigenen Erfahrungen sammeln zu lassen und nur in «Bereitschaft» zu bleiben?

Karin aus unserem Beispiel war selbst ein verspieltes Kind, das ihrerseits eine tüchtige, resolute Mutter hatte. Sie erinnert sich nicht mehr, wann ihre Mutter begonnen hatte regelmäßig mit ihr Hausaufgaben zu machen. Sie weiß nur, dass es später viele Kämpfe deswegen gegeben hatte und sie vieles nicht erlaubt bekam wegen ihrer schlechten Noten (trotz Unterstützung der Mutter). Als die Mutter vom Schulstoff überfordert war, musste Karin die Nachhilfe besuchen, was die Eltern viel

Geld kostete. Heute ist sie allerdings der Mutter dankbar, dass diese nicht lockergelassen hat, denn Karin hat im tiefsten Innern Zweifel, ob sie jemals einen Schulabschluss geschafft und ihre Ausbildung absolviert hätte. Inzwischen ist sie also selbst Mutter und wenn sie Florian vor seinen Hausaufgaben sitzen und aus dem Fenster träumen sieht, fühlt sie sich an sich selbst erinnert! Natürlich möchte sie nun ihrer Mutter in nichts an Tüchtigkeit nachstehen und Florian auf den richtigen Weg bringen!

Wir sehen, dass Verhalten am «Modell» gelernt wird: Karin hat genau dieselbe Erfahrung gemacht, die sie nun an Florian weitergibt, das heißt, für viele Eltern fühlt sich dieses Verhalten als das einzig richtige (und mögliche) an. Gleichzeitig tragen sie die gleiche Konsequenz mit sich herum, die nun in Zukunft ihr Kind erleiden wird: einen tiefen Zweifel an den eigenen Fähigkeiten. Auch wenn ihnen dieser Zweifel zu dem Zeitpunkt, wo ihr Kind in die Schule kommt, gar nicht mehr bewusst ist, sobald eine seltsam «vertraute» Situation auftaucht, holt er sie wieder ein. Und nun wollen sie wenigstens fähige Eltern sein!

Karin hat nun also die Aufgabe, **ihre eigenen Beweggründe und Bedürfnisse zu erkennen und zu reflektieren.**

Sie könnte sich den Gedanken erlauben, dass sie vielleicht auch aus eigenem Antrieb erfolgreich gewesen wäre, ja sich vielleicht viel leichter getan hätte. Wahrscheinlich hat sie ja mittlerweile in ihrem Erwachsenenleben erfahren, dass sie vieles ohne Hilfe bewältigt hat. Sie könnte sich klarmachen, dass dies nicht wegen, sondern trotz der Erziehung, die sie genossen hat, geschehen ist. Dieses Verständnis könnte ihr dabei helfen, das Risiko einzugehen, Florian erst einmal gewähren zu lassen, und sich ihrer Angst zu stellen, keine «gute» Mutter zu sein, um dann neue Erfahrungen aufzubauen («Mein Kind hat zwar etwas Zeit gebraucht, dafür macht er heute seine Sachen ganz von alleine»). Sie würde erfahren, wie stolz sie und Florian darauf wären und wie ihre Beziehung positiv davon beeinflusst würde.

Die Fähigkeit von Eltern, Zutrauen und Vertrauen in ihre Kinder zu entwickeln, hängt also ganz entscheidend von dem eigenen Selbstvertrauen und Selbstwertgefühl ab. Selbstbewusste Eltern können auch eigene Schwierigkeiten als von ihnen zu bewältigende Herausforderung betrachten und mit Misserfolgen umgehen, ohne ihr Selbstbild zu zerstören. Diese Sichtweise geben sie an ihre Kinder weiter. Sie sind davon überzeugt, dass ihre Kinder gut sein können und wollen, und lassen sich nicht von Fehlschlägen entmutigen.

---- ❀ ----

Jeder Mensch hat ursprünglich das Potential, seine Anlagen optimal zu entwickeln.

---- ❀ ----

59

Leider sind die Eltern in der Mehrzahl, die ihr Selbstwertgefühl nicht so richtig entfalten konnten (Erziehungstradition) und im tiefsten Innern von Selbstzweifeln geplagt werden, was nach außen oft mit betont selbstbewusstem Verhalten überspielt wird. Auch diese Sichtweise wird an Kinder weitergegeben und im ersten Misserfolg bestätigt gefunden. Diese Eltern kennzeichnet häufig ein ausgesprochener (und fataler) Zweckpessimismus, was ihre Kinder betrifft. Sie äußern sich anderen und leider auch den Kindern gegenüber mit eher negativen Erwartungen («Würde mich wundern, wenn sie das schafft . . .», «Das kann er bestimmt nicht» und so weiter). Zwar hoffen sie insgeheim, eines Besseren belehrt zu werden, da sie aber nicht wirklich daran glauben können, versuchen sie sich durch Pessimismus vor Enttäuschungen zu schützen. Diese Haltung kennzeichnet übrigens auch viele eigene Unterfangen dieser Eltern. Wie wir mittlerweile erfahren haben, übernehmen Kinder aber genau die Meinung, die ihre Eltern von ihnen haben, als die eigene, auch dann, wenn sie den Eltern lauthals widersprechen!

Kinder haben unbewusst das Bedürfnis, die Erwartungen ihrer Eltern zu erfüllen, sowohl die positiven als auch die negativen!

Folglich erleben Eltern mit ihren Kindern meistens genau das, was sie erwartet haben. Sie haben es in der Hand, ihren Kindern einen Vorschuss an Zutrauen mit in die Zukunft zu geben oder aber einen Ballast an Zweifeln, der sie im Falle eines Misserfolges noch mehr niederdrückt, ihnen im Falle des Erfolges die rechte Freude nimmt und sie viel Kraft bei der späteren Überwindung kostet.

Falls Florian Vertrauen in Karins unterstützende Haltung gefasst hat, wird es vorkommen, dass er jetzt oder in einer nächsten Klasse zu ihr kommt, um sich helfen oder etwas erklären zu lassen. Hier lauert die nächste Falle in Bezug auf Selbständigkeit. Zuerst die übliche elterliche Reaktion: Karin (oder abends der Papa) schaut sich die Rechnungen an, sieht natürlich auf den ersten Blick (jetzt noch!), wo der Fehler liegt. Sie weist Florian darauf hin und erklärt ihm auf seinen nach wie vor verständnislosen Blick hin den Rechenweg. Florian versteht immer noch nicht, wie sich aus der Frage in der Textaufgabe auf die Rechnung schließen lässt, aber er schreibt Schritt für Schritt mit, was Karin ihm vorsagt. Seine Hausaufgaben sind erst einmal gerettet, aber in der nächsten Schulaufgabe zeigt sich, dass er den Rechenweg selbständig nicht findet und damit schlechte Bewertungen erntet.

*Alternativ könnte sich Karin überlegen, dass es Florian nichts nützen wird, wenn sie ihm die Rechnung erklärt, er sie dann zwar lösen, aber nicht wirklich nachvollziehen kann, da es nicht reicht, ihm zu zeigen, dass **sie** die Aufgabe kann. Also muss sie ihn dazu bringen (Erziehungsziel Selbständigkeit), die Sache anders anzupacken. Sie sagt: «Eigentlich bin ich nicht so ganz sicher, was ihr machen sollt. Erkläre mir doch* *bitte, worum es geht, vielleicht kannst du dich noch erinnern, was euer Lehrer in etwa gesagt hat?»* Die Mehrzahl aller Kinder liebt es, den Eltern etwas erklären zu können. Nachdem Florian die Aufgabe nicht verstanden hat, wird seine Erklärung Lücken aufweisen, in denen Karin unauffällig nachhelfen kann; viele Kinder finden, während sie versuchen die Aufgabe jemand anderem zu erklären, von selbst den richtigen Ablauf. Sobald das richtige Ergebnis gemeinsam gefunden ist, kann Karin Florian loben: *«Das hast du wirklich prima hingekriegt, du siehst, es ist gar nicht so schwer, von alleine darauf zu kommen.»*

Der Vorteil dieser Vorgehensweise liegt auf der Hand: Florian muss sich selbständig Schritt für Schritt vorwärts tasten, braucht nur kleinere Hilfestellungen. Am Ende ist er stolz, dass er es der Mutter «erklären» konnte (Selbstvertrauen), und wird dies wieder versuchen (Motivation). Der einzige erzieherische «Kunstgriff» der Mutter liegt darin, einmal vorübergehend das elterlich-allwissende Podest zu verlassen (haben Sie es nötig, vor Ihrem Kind gut dazustehen?) und unbedarft an die Sache heranzugehen.

Was Kinder mehr als jede Belehrung brauchen, ist das Vertrauen in ihre Entwicklungsmöglichkeiten.

Darüber hinaus können sich Eltern, die versuchen ihre eigenen Zweifel zu überwinden («Ich darf so sein, wie ich bin, mit meinen Gaben und Schwächen»), anstatt sie unbesehen an ihre Kinder weiterzugeben, ihr eigenes Leben wesentlich erleichtern. Selbstvertrauen und Selbstwertgefühl können auch im Erwachsenenalter vervollkommnet oder entfaltet werden, auch wenn dies mit Mühe und Selbstbeobachtung verbunden ist. Natürlich wäre es wunderbar, als Kind diese Attribute als Geschenk in die Wiege gelegt bekommen zu haben, aber es ist nie zu spät, für sich daran zu arbeiten und die eigenen Kinder an diesem Prozess teilhaben zu lassen.

Claudia mault beim Mittagessen: «Ich mag heute nicht ins Ballett, ich bin müde und hab außerdem so viel Hausaufgaben auf. Kann ich nicht ausnahmsweise zu Hause bleiben?» Birgit, Claudias Mutter, antwortet: «Du warst doch letztes Mal nicht da, wir zahlen den Kurs ja völlig umsonst! Dabei warst du es, die unbedingt Ballettunterricht haben wollte, und nun fällt dir jede Woche eine neue Ausrede ein, um nicht hinzugehen! Klavier übst du auch nicht mehr regelmäßig und vorgestern hast du deinen Malkurs, der dir angeblich so viel Spaß macht, ausfallen lassen! Weißt du, ich wünschte, wir hätten in unserer Jugend so viele Möglichkeiten gehabt, aber bei meinen Eltern war nicht genug Geld da, drei Kindern zusätzliche Kurse zu ermöglichen, und außerdem wohnten wir viel zu weit außerhalb. Du hast es so bequem, du durftest dir aussuchen, was du machen wolltest, und ich fahre dich überallhin und warte auf dich! Du ahnst nicht, wie wunderbar es später ist, wenn man aus seinen Begabungen etwas machen konnte, das hat man für das ganze Leben.» – «Aber jeden Tag ist etwas anderes, ich habe überhaupt keine Zeit mehr, mit Silvia zu spielen oder an meinem großen Puzzle weiterzubasteln.»

Heutzutage haben bereits Kinder ab ihrer Schulzeit (und manchmal schon vorher) völlig überfüllte Terminkalender. Sie lernen schwimmen, turnen, Ballett, flöten, Klavier spielen, malen, Englisch und Theater spielen, lauter Dinge, die Spaß machen. Hinzu kommen häufig Förderkurse in der Schule und später Nachhilfestunden. Die Eltern investieren viel Zeit und Geld, um ihre Sprösslinge maximal zu fördern. Einige Eltern meinen schon dann, ein förderungswürdiges Talent zu entdecken, sobald ihr Kind seine Strichmännchen in ein Haus platziert oder rhythmisch in eine Blechtrompete bläst. Andere glauben, eine bestmögliche Ausbildung beginne in den Kindergartenschuhen, und wollen alles tun, um ihre Kinder zu den späteren «Siegern» gehören zu lassen und sich keine Versäumnisse vorwerfen zu müssen. Nach unserem alles bestimmendem Lebensmotto «Mehr ist besser» werden Kinder in zahlreiche Kurse eingeschrieben, die nun die vielfältigen Talente zum Vorschein bringen und ausbilden sollen. Das Angebot ist dabei verlockend, schließlich möchte man seinem Kind jede Möglichkeit bieten. Manche Eltern legen dabei gemäß einem erkannten Talent Kurse fest, andere versuchen ihren Kindern dieses oder jenes schmackhaft zu machen oder lassen ihre Kinder selbst Kurse aussuchen. Eine Weile besuchen die lieben

Kleinen ihren Unterricht ganz gerne, doch irgendwann kommt der Moment, wo sie immer lustloser werden und schließlich nicht mehr hingehen wollen. Die meisten Eltern geben sich nach mehr oder weniger intensiven Kämpfen geschlagen und lassen ihre Kinder aufhören, allerdings nicht, ohne sofort nach einem Ersatz Ausschau zu halten, vielleicht war es ja nur nicht der richtige Kurs. So können heute die meisten Kinder auf eine ansehnliche Reihe abgebrochener Versuche zurückblicken und viele Eltern ihren kurzen, heimlichen Traum, einen genialen, überdurchschnittlich begabten Sprössling ihr Eigen nennen zu können, begraben.

Versetzen wir uns **in das kindliche Weltbild**. Kinder sind leicht zu begeistern und wollen sicher zunächst ihren Kurs besuchen. Schließlich macht es ja Spaß Ballett zu tanzen, so, wie sie das kleine Mädchen im Fernsehen gesehen haben mit Tutu und rosa Trikot, oder zu schwimmen wie der Jugendmeister aus dem Verein, dem alle zujubeln. Kinder schlüpfen in ihrer Fantasie in eine gewünschte Rolle und träumen davon, so zu sein wie ihr Held. Man kann sich leicht ausmalen, wie groß die Ernüchterung sein muss, wenn man mit winzigen Schritten und vielen Fehlversuchen anfangen muss. Und plötzlich verliert die Fantasie jeden Zauber und wird zur mühsamen und schließlich lästigen Pflicht. Anstrengung gibt es schon genug in der Schule und man möchte nach den Hausaufgaben nicht noch üben, üben, üben. Also bleibt der Erfolg aus und die Motivation ist dahin.

Nun kommt die Diskussion mit den genervten (und

enttäuschten) Eltern, die ihrem Sprössling vorwerfen, den Kurs doch selbst ausgesucht zu haben, wie in unserem Beispiel. Kinder können altersgemäß die Tragweite ihrer Entschlüsse nicht überblicken, sie leben in einer völlig anderen, mehr von der Fantasie als von der Realität bestimmten Vorstellung. Qualitäten wie Durchhaltevermögen oder Zielstrebigkeit müssen sie erst entwickeln.

Der Wunsch der Erwachsenen, ihrem Kind jede Möglichkeit zu bieten, kann für Kinder eine schwere Last bedeuten.

Birgit könnte sich also vergegenwärtigen, dass Claudia sich vielleich als Primaballerina, Pianistin und berühmte Malerin sah, als sie sich die Kurse ausgesucht hat. Sie konnte jedoch nicht einschätzen, dass vor jedem Erfolg harte Arbeit, Schweiß und Mühe stehen. Wenn sie die von Claudia geäußerten **kindlichen Bedürfnisse ernst nimmt**, *kann sie erkennen, dass Claudia überfordert ist und mehr Zeit für sich braucht, um nicht die Lust an allem zu verlieren. Sie überlegt sich, dass sie einerseits verstehen kann, was in Claudia vorgeht, da ihr selbst oft alles zu viel wird, andererseits möchte sie Claudia beibringen, dass es sehr befriedigend sein kann, etwas durchzuhalten und zum Erfolg zu führen* **(Entwurf einer Erziehungsperspektive).**

Sie setzt sich mit Claudia zusammen:

«Ich kann verstehen, dass es dir zu viel wird, jeden Nach-mittag unterwegs zu sein, mir geht es selbst oft so. Wie wäre es, dir einmal zu überlegen, ob du vielleicht nur einen Kurs wei-termachen möchtest, am besten den, der dir am meisten Spaß macht. Dort könntest du dich dann einsetzen und hättest trotz-dem mehr Freizeit» **(Finden von Lösungen).** *Claudia tut es gut, dass die Mutter auf sie eingeht, sie fühlt sich verstanden und ist ihrerseits bereit, auf den Vorschlag der Mutter einzuge-hen. Sie weiß sehr schnell, was sie möchte: «Dann bleibe ich im Ballett!» Birgit schluckt ein bisschen, sie hatte gehofft, Claudia würde vielleicht weiter Klavier spielen. Schließlich war es Bir-gits glühendster Wunsch als Kind ein Klavier zu besitzen. Und sie ist immer so stolz, wenn Claudia Gästen etwas vorspielt. Aber wenn sie genau hinschaut, wird ihr auch klar, dass es immer eher ihr Wunsch als der von Claudia war und dass Claudia viel mehr ein Bewegungstyp ist* **(Erkennen und Re-flektieren der eigenen Beweggründe).** *Sie erlaubt also Claudia, sich bei den anderen Kursen abzumelden, dafür ver-spricht Claudia von sich aus zukünftig regelmäßig zum Ballett zu gehen.*

Die Schule verlangt Kindern von Anfang an ein hohes Maß an Konzentration, Pflichterfüllung und Durchhalte-vermögen ab. Daher sollte man kleinen Kindern keines-falls mehr als einen, älteren höchstens zwei zusätzliche Nachmittagstermine zumuten. Und auch dabei ist der Maßstab die freiwillige Bereitschaft des Kindes, den Kurs als Freizeitbeschäftigung zu akzeptieren. Wirkliche Begabung wird sich immer ihren Weg suchen, mit oder ohne Unterstützung. Ein wirklich musikalisch begabtes Kind wird sein Instrument zur Entspannung spielen und auch Durststrecken mit wenig Überredung durchstehen. Dasselbe gilt für Bewegungs- oder künstlerische Begabungen. Darüber hinaus wächst Begabung, Genialität und Ideenreichtum gerade im absichts- und ziellosen Tun, es ist die Muße, die «Lange-Weile», die Kreativität und Schöpfungskraft hervorbringt.

Eltern erreichen auch im Freizeitbereich mit ihren guten Absichten genau das Gegenteil von dem, was sie sich für ihr Kind wünschen. Je mehr ein Kind von außen «vorgesetzt» bekommt, umso weniger wird sich sein «innerer» Reichtum entfalten können. Wie in jedem anderen unserer Lebensbereiche stumpft ein «Zuviel» ab und lässt die Angebote beliebig werden und somit ihren Reiz verlieren.

Echte Begabung und Kreativität entwickeln sich eher durch Langeweile als durch ein Überangebot an Förderkursen.

Besonders fatal wirkt sich im gesamten Aus- und Weiterbildungsbereich der Ehrgeiz der Eltern aus, der sich aus eigenen unerfüllten oder unerreichten Wünschen und Zielen nährt und nun von den Kindern sozusagen «stellvertretend» erfüllt werden soll. Nicht erreichte Schulabschlüsse, nicht geförderte vermeintliche Gaben, unerwünschte berufliche Laufbahnen können Eltern dazu veranlassen, ihre Kinder geradezu zu zwingen, es «besser» haben zu sollen. Doch Kinder spüren seismografisch, dass nicht wirklich sie gemeint sind, spüren die Ich-Bezogenheit der Eltern und boykottieren deren Bemühungen.

Hier ist die Reflexion der eigenen Bedürfnisse für Eltern besonders wichtig. Sollten eigene unerfüllte Sehnsüchte das Leben beschweren, kann man sich klarmachen, dass einerseits jedes Erwachsenenleben seine Versäumnisse aufweist beziehungsweise dass es andererseits fast nie zu spät ist, dem eigenen Leben Neues hinzuzufügen oder die Richtung zu korrigieren. Dies ist vielleicht eine der wichtigsten Lektionen, die man bei der Erziehung von Kindern für sich selbst lernen kann.

Es ist nie zu spät, dazuzulernen.

Das Gleiche gilt für unsere Kinder. Das eingangs gewählte Beispiel zeigt, dass es wichtig ist, von Anfang an dem Kind gegenüber eine unterstützende Haltung einzunehmen, um dem Kind Selbständigkeit und Eigenverantwortung nahe zu bringen, was eine Erleichterung für das gesamte Familiengefüge und Zusammenleben mit sich bringt.

Trotzdem ist es nie zu spät, eine ungünstige Haltung zu verändern, es ist nur etwas schwieriger, die einmal eingefahrenen Gleise zu verlassen.

Stellen Sie sich vor, Ihr 12-Jähriger kommt wieder mit einer 5 in Englisch nach Hause. Ihr erster Impuls ist zu schimpfen: «*Schon wieder eine schlechte Note. Du lernst einfach zu wenig! Immer sitzt du vor deinen Computerspielen oder hörst deine schreckliche Musik. Ich möchte wissen, wie du dieses Jahr schaffen willst, wenn das so weitergeht. Deinen Wunsch, später etwas mit Computern zu machen, kannst du gleich vergessen, dazu braucht man dringend Englisch. In Zukunft lernst du jeden Nachmittag Englisch, bevor du etwas anderes machst. Und deinen Fußballverein darfst du erst wieder besuchen, wenn sich deine Noten verbessert haben!*»

Wie wird das Gesagte auf Ihren Sohn wirken?

Ihre Aussage wirkt vernichtend, sie beinhaltet nichts, was Ihrem Sohn in irgendeiner Weise weiterhelfen könnte. Er hört, dass Sie enttäuscht sind und sich ärgern (was er mit seiner Note sicher nicht beabsichtigt hat), er hört, dass er unfähig ist und Sie nicht viel von ihm halten, dass seine Zukunftsträume platzen könnten und er Einschränkungen zu erwarten hat. Englisch wird zum Riesenproblem, zum Dreh- und Angelpunkt in Bezug zu dem Kontakt zu Ihnen und seiner Freizeitgestaltung. Er hat noch weniger Motivation, Englisch zu lernen, weil er sowieso nicht weiß, wie, und der große Druck ihn noch mehr lähmt.

Wollten Sie das erreichen, haben Sie es so gemeint?

Nun versuchen Sie einmal, sich in eine unterstützende Haltung zu versetzen. Schauen Sie Ihren Sohn an! Vielleicht können Sie hinter seiner gleichgültigen Fassade (die Sie besonders auf die Palme bringt) seine traurigen Augen sehen, spüren einen Hauch Verzweiflung in seiner Stimme. Erinnern Sie sich, kein Mensch möchte erfolglos sein. Versetzen Sie sich in sein Weltbild: Mag sein, dass er zu wenig gelernt hat, zu viel herumhängt, er sich nur noch von seinen Computerspielen animieren lässt. Was geht in ihm vor? Er befindet sich in der Vorpubertät, was bedeutet, dass sich sein Körper, seine Interessen, seine Fantasien und seine Stimmungen verändern und er sich davon absorbiert fühlt. Die Beschäftigungen kleinerer Kinder interessieren ihn nicht mehr, mit älteren kann er noch nicht mithalten. Er sucht sein neues Selbst, aber findet sich nicht mehr oder weiß nicht, wo er mit sich hin soll. (Haben Sie etwa schon vergessen, wie sich das anfühlt?) Schule wird zum Nebenschauplatz und gleichzeitig anstrengender als je zuvor. Vergegenwärtigen Sie sich das, bevor Sie sprechen: *«Es tut mir wirklich Leid für dich, dass du schon wieder eine schlechte Note bekommen hast! Das muss ganz schön blöd für dich sein! Hast du eine Idee, warum das zurzeit so häufig passiert? Fällt es dir im Moment schwerer als sonst zu lernen oder kommst du mit dem Stoff nicht klar?»*

Spüren Sie, wie grundsätzlich anders die Haltung hinter diesen Fragen ist? Es spielt keine Rolle, was genau

Sie sagen, entscheidend ist Ihr (ehrliches) Mitgefühl mit dem Misserfolg Ihres Sohnes. Mit diesen Worten zeigen Sie ihm, dass Sie zwar in Ihrem Leben bleiben (es ist schließlich nicht Ihr Misserfolg), dass Sie aber an seinem Leben Anteil nehmen und versuchen zu verstehen. Das Gespräch kann dahin gehend weitergeführt werden, dass Sie mit ihm versuchen Lösungen zur Abhilfe zu finden, ohne dass Sie ihm sagen, was er zu tun hat: *«Wäre es eine Möglichkeit, wenn du mit einem Klassenkameraden lernen würdest? Würde es dir helfen, wenn wir ein Englisch-Lernprogramm für deinen Computer suchen würden? Notfalls könntest du vielleicht einige Stunden Nachhilfe nehmen, Englisch wird ja später für dich sehr wichtig sein»* und so weiter.

Ihr Sohn hört, dass Sie ihn ernst nehmen, dass Sie davon ausgehen, dass die geforderte Leistung von ihm zu schaffen ist, dass es normal ist im Leben, schlechtere Phasen zu haben, und dass man in solchen Zeiten legitimerweise nach Hilfe ausschauen kann. Ihm wird auch klar, dass Sie mit ihm an seinem Ziel festhalten, irgendwann einmal Englisch zu können, und dass Sie nicht in Erwägung ziehen, dass nichts geschieht!

Ist das für die Zukunft Ihres Sohnes nicht der bessere Lerneffekt?

Besonders in der Pubertät ist es wichtig, dass sich Schule nicht zu einem Thema entwickelt hat, welches sich zu Machtkämpfen zwischen Eltern und Kindern missbrauchen lässt. Mit ihrer leidenschaftlich fatalistischen Einstellung schrecken Jugendliche nicht davor zurück, ihre eigene Zukunft zu boykottieren, nur um sich gegen die Wünsche ihrer Eltern zu stellen. Umso besser, wenn sie zu diesem Zeitpunkt bereits begriffen haben, dass es um ihr Thema, ihr Leben und ihre Zukunft geht und nicht um die Eltern.

Falls Kinder nicht gewohnt sind, dass ihre Eltern unterstützend auf ihre Probleme reagieren, werden sie vielleicht zunächst überrascht oder ungläubig sein, vielleicht werden sie auch misstrauisch und lassen sich nicht gleich darauf ein. Wenn die reglementierende Haltung lange genug angedauert hat, reagieren viele Kinder phlegmatisch (Phlegma ist keine Charaktereigenschaft, Phlegma ist immer Notwehr!) und sind nicht so schnell geneigt, die damit verbundene Bequemlichkeit aufzugeben (sie wissen noch nicht, wie hoch der Preis dafür ist!). Vielleicht trauen sie sich auch gar nicht zu, selbstverantwortlich und aktiv zu werden, nachdem ihnen so lange alles mundgerecht vorgesetzt wurde und sie nur zuhören oder die Ohren auf Durchzug stellen mussten.

Sollten Sie solche Situationen erleben, haben Sie Geduld, versuchen Sie, die neue Haltung einzuüben und durchzuhalten! Es lohnt sich! Reden Sie mit Ihrem Kind! Erzählen Sie von sich, von Ihren Gedanken, Ihren Zweifeln, Ihren Wahrnehmungen. Es gibt nichts Wichtigeres für ein Kind als zu erleben, dass auch die Eltern sich bemühen dazuzulernen, sich weiterzuentwickeln, auch einmal Meinungen zu revidieren. Sagen Sie Ihrem Kind, was Sie sich für es wünschen und was Sie mit Ihren Erziehungsversuchen eigentlich nicht erreichen wollen.

Aus der Schulzeit sollten Kinder neben Wissen idealerweise auch einige wertvolle soziale Fähigkeiten und Eigenschaften mitnehmen. Vorrangig sind sicher Selbstvertrauen und Selbstsicherheit. Aber für die berufliche Zukunft ist es zum Beispiel wichtig, die eigene Leistung einschätzen und analysieren zu können, um Erfolge zu erzielen und mit Misserfolgen konstruktiv umzugehen. Man muss in der Lage sein, die eigenen Interessen zu vertreten, Eigeninitiative zu entwickeln und sich selbst zu motivieren, Durststrecken und Rückschläge auszuhalten und auf schnelle Belohnungen zu Gunsten eines langfristigen Zieles zu verzichten, aber auch Verantwortung zu übernehmen und Mitgefühl walten zu lassen. Diese Eigenschaften und Fähigkeiten werden Kindern nicht in die Wiege gelegt, sondern Kinder sind darauf angewiesen, dass sie Bezugspersonen antreffen, Eltern und Lehrer, die ihnen dabei helfen, diese Fähigkeiten zu entwickeln. Für uns Erwachsene lohnt sich die Mühe, denn die Generation, die wir jetzt großziehen, bestimmt einmal unsere Zukunft.

Brauchen Kinder Konsum?
Erziehung in einer Gesellschaft mit
materiellem Überangebot

Kleine Kinder brauchen noch nicht viel, ihre Wünsche beschränken sich auf Zeit, Zuwendung und Aufmerksamkeit, sobald ihre körperlichen Bedürfnisse befriedigt sind. Allerdings sehen das Eltern, Tanten und Omas in ihrer neu erwachten Freude über Babykleidung, Ausstattung und Spielsachen häufig ganz anders. Schon Kleinkinder sehen sich daher bereits kurz nach ihrem ersten Geburtstag mit Bausteinen, Stofftieren und Geräusche erzeugenden Plastikfiguren eingedeckt.

Wehren Sie den Anfängen! Verhindern Sie, dass Ihr Kind von Geburt an mit einer Überfülle von Spielsachen

eingedeckt wird. Machen Sie den Schenkwilligen Vorschläge oder bitten Sie sie, einen kleinen Betrag auf ein Sparkonto für später einzuzahlen.

Favorisiert wird nun natürlich nicht die pädagogisch wertvolle Holznachziehente, sondern die buntesten Plastikformen, die man in verschiedene Würfel und bestens in den Mund stecken kann. Dies ist der Moment, wo die Freude der Eltern bereits getrübt wird. Ist das Teil ungiftig? Kann es auch nicht verschluckt werden? Musste Tante Maria ausgerechnet so etwas mitbringen? Der Versuch, es gegen die Holzente auszutauschen, scheitert kläglich, Baby weiß genau, was es will, bunt soll es sein, leicht und griffig. Wenige Monate später fällt unser Kleinkind in die Hände der Spielzeug- und Süßwarenindustrie, die ihre Produkte werbetechnisch geschickt an jedem unvermuteten Platz in greifbarer Höhe unterbringt, so dass wir fortan nur noch mit größtem pädagogischen Geschick Kaufhäuser, Läden und Supermarktkassen passieren können. Noch bevor wir richtig begreifen, was geschehen ist, wurde in unserem Kind das «Habenwollen» geweckt. Wie ein Virus setzt es sich in den Gedanken und im Bewusstsein unseres Kindes fest und wir ahnen mehr als wir wissen, dass ein Kampf begonnen hat, den wir irgendwann gegen unsere Gesellschaft verlieren werden. Die Krankheit heißt Konsum. Wir kennen sie selbst gut genug und von nun an begegnet sie uns auch bei unseren Kindern auf Schritt und Tritt.

Im Kindergarten fallen die Objekte der Begierde mit Märchenkassetten, Puzzles und Wachsmalkreiden noch relativ harmlos aus, doch spätestens bei den Schulranzen, Anoraks, Federmäppchen und Brotzeitdosen beginnt der Kampf. Und dann steigen die Wünsche und Ansprüche mit jedem Lebensjahr, in der Regel umgekehrt proportional zu unserer Gutmütigkeit, Geduld und vor allem unseren finanziellen Möglichkeiten. Kritisch wird es nach Beendigung des ersten Lebensjahrzehnts, wenn CD-Player, Mountainbikes oder gar der eigene Computer oder Fernseher auf den Wunschzetteln stehen. Unwesentlich schlimmer wird es dann höchstens noch durch die angesagte Markenkleidung, abenteuerliche Klassenfahrten oder ultimative Freizeitvergnügen, bei denen unser Kind natürlich keinesfalls ausgeschlossen sein darf.

Haben Sie diese Entwicklung bedacht, als Sie damals die Märchenbordüre an die Kinderzimmerwand tapeziert und zusätzlich zur Spieluhr das hübsche Drehmobile über dem Kinderbettchen aufgehängt haben? Als Sie mit Begeisterung den letzten Schrei an Kinderwagen und die sündhaft teuren handgesägten und bemalten Kinderzimmermöbel erstanden haben? Als Sie Ihr Kind niedlich ausstaffierten und all Ihre Verwandten es bewunderten? Unser eigenes Konsumverhalten und unsere eigene Verführbarkeit haben, sich längst unserem Bewusstsein entzogen, doch für unser Kind sind wir auch hier erstes Anschauungsobjekt.

**Hinterfragen Sie kritisch Ihr eigenes Konsumverhalten!
Entscheiden Sie immer wieder, was Sie wirklich brauchen,
und vergegenwärtigen Sie sich, welchen Preis Sie für
unnötigen Ballast bezahlen.**

*Für Susanne wird der regelmäßige Einkauf mit ihrem vier-
jährigen Sohn Max zum Spießrutenlauf. Sie arbeitet, während Max im Kindergarten ist, und hat keine andere Möglichkeit, als ihn nachmittags zum Einkaufen mitzunehmen.
Durch die Obstabteilung gelangen sie meistens noch in Ruhe,
doch beim Süßigkeitenregal beginnt er schon zu quengeln, versucht sich Gummibärchen und Schokolade zu greifen. Susanne
zieht ihn sanft weg und erklärt ihm, warum er jetzt nichts bekommen kann. Sie verkrampft ihre Schultern, schaut sich kurz
nach möglichen Beobachtern um, ihre Stimme ist eindringlich.
Max lässt sich nicht beirren, er fordert mit etwas lauterer
Stimme seinen Einkauf. Susanne versucht ihre Ärgerlichkeit
zu unterdrücken und zerrt ihn unsanft weiter. Max beginnt zu
schreien: «Ich will das aber haben, ich will das haben, du bist
eine ganz böse Mama.» Susanne wird es heiß, sie lässt gehetzt
ihren Blick schweifen, zischt: «Hör jetzt sofort mit dem Theater auf und komm!» Max lässt sich auf die Knie fallen, schreit
und weint, «genießt» nun die volle Aufmerksamkeit seiner
Mutter, die ihren Einkauf auf das Nötigste verkürzt, sich Max
unter den Arm klemmt und mit hochrotem Kopf unter miss-*

billigenden Blicken zusieht, dass sie so schnell wie möglich den Laden verlässt.

Jeder von uns hat schon solche Interaktionen zwischen Eltern und Kindern beobachtet oder erlebt. Eltern wenden unterschiedliche Verhaltensweisen an, um dem Problem beizukommen. Viele Eltern lassen sich provozieren und werden ihrerseits **aggressiv**, sie werden ebenfalls immer lauter, packen die Kinder grob an oder lassen sich gar zu Handgreiflichkeiten hinreißen. Andere reagieren **passiv**, entweder geben sie schnell den Wünschen ihrer Kinder nach oder sie versuchen verlegen, beschwichtigend auf die Kinder einzureden, um die Szene zu beenden. Manche Eltern fangen an zu jammern, wie schlecht es ihnen doch mit so einem bösen Kind geht, sie versuchen die Kinder über Schuldgefühle zu **manipulieren**. Keine der drei Verhaltensmöglichkeiten wird langfristig einen wünschenswerten Erfolg mit sich bringen.

Aggressiv werden Eltern leicht, wenn sie sich unglücklich, gereizt oder überfordert fühlen. Unterschwellig ist meist permanent Ärgerlichkeit oder Unzufriedenheit da, nur selten ursächlich von den Kindern ausgelöst. In entsprechenden Situationen reagieren diese Eltern aufgrund ihrer inneren Anspannung explosiv. Falls diese Haltung über einen längeren Zeitraum anhält, und Eltern emotional für Kinder nicht weiter zugänglich sind, kann es auch passieren, dass Kinder bewusst provozieren, um ihre Eltern überhaupt zu spüren. Negative

Zuwendung ist immer noch besser als gar keine Aufmerksamkeit. Dauerhaft aggressives Verhalten wirkt auf Kinder destruktiv, entweder antworten die Kinder ihrerseits mit Aggression (den Eltern oder anderen gegenüber) und entwickeln sich genau so, wie es die Eltern erwarten, oder sie ziehen sich völlig innerlich zurück und verkümmern.

Passive Eltern sind bequem, hilflos oder unsicher. Die einen haben nie gelernt, Grenzen zu setzen, sich durchzusetzen oder eigenes Recht zu behaupten, andere meinen, ihre Kinder durch ein «Nein» in ihrer Entfaltung zu beeinträchtigen. Leider ist genau das Gegenteil der Fall. Kinder, denen alles erlaubt wird, fehlt es an Halt und Orientierung. Sie entwickeln mangels erkämpfter Selbstbehauptung nicht wirklich Selbstvertrauen, Belastbarkeit oder Frustrationstoleranz. Da sie zu wenig Führung und Reibung erfahren, gelingt es ihnen häufig nicht, ihre Gaben und Fähigkeiten zu entfalten, stattdessen werden sie ängstlich, anspruchlich oder maßlos.

Manipulative Eltern vermeiden die direkte Interaktion, sie sagen nicht klar, was sie möchten oder was ihnen nicht passt, sondern versuchen ihr Kind zu disziplinieren, indem sie ihm ausmalen, was alles passieren wird, wenn es sich weiterhin so verhält («Wenn du weiter so schreist, bekomme ich sicher wieder Migräne!», «Mami wird ganz traurig, wenn du so böse bist», «Schau doch mal, wie brav der kleine Junge dort drüben ist, dabei ist der sicher jünger als du»), das heißt, sie versuchen über die Erzeugung von Schuldgefühlen ihre Wünsche durchzusetzen. Besonders Eltern, die in ihrer eigenen Kindheit Manipulationen ausgesetzt waren (was sehr weit verbreitet war), sehr streng bestraft worden sind oder nie eine eigene Wahl oder Entscheidung treffen durften, neigen zu solchen Reaktionen. Für Kinder ist ein derartiges Verhalten äußerst verwirrend. Sie können nicht erkennen, was ihr Geschrei mit Mamis Migräne, ihrer Traurigkeit oder einem anderen kleinen Jungen zu tun hat. Andererseits passen diese Zusammenhänge genau in das kleinkindliche Weltbild; das heißt, das Kind glaubt tatsächlich, was es hört – und entwickelt Schuldgefühle, schließlich wollte es ja nur seine Süßigkeiten und nicht Mamis Migräne. Für Kinder, die auf diese Art erzogen werden, ist es später sehr schwer, ihre Handlungen mit den Gefühlen anderer in Verbindung zu bringen, sie fühlen sich leicht für alles Mögliche verantwortlich oder schuldig, was nichts mit ihnen zu tun hat. Darüber hinaus sind sie später leicht auszunützen.

Die meisten Eltern nehmen keine eindeutige Haltung ein, sondern ihre Reaktionen variieren je nach persönlicher Belastbarkeit, Stimmung und Wohlbefinden, sie verhalten sich einmal nachgiebig, passiv, ein anderes Mal streng und aggressiv. Obwohl dies insgesamt betrachtet vielleicht bessere Auswirkungen auf ein Kind hat als eine der drei oben aufgezeigten Haltungen, falls diese grundsätzlich eingenommen werden, kann man sich leicht vorstellen, dass Konsequenz und Berechenbarkeit auf der Strecke bleiben. Für die Kinder bedeutet dies einerseits Verunsicherung, weil sie nie genau wissen, was auf sie

zukommt, andererseits natürlich eine Ermutigung hart-
näckig ihr Ziel weiter zu verfolgen. Das bedeutet,
die Kämpfe weiten sich aus und der Alltag wird stärker
belastet.

*Was also könnte Susanne tun? Sie überlegt sich, dass es nach-
vollziehbar ist, dass Max alles haben möchte angesichts der ver-
führerischen Vielfalt und Fülle* (**Einfühlung in das altersentsprechende Weltbild**). *Er muss erst lernen, dass man
nicht alles bekommen kann, was man möchte. Sie möchte ihm
das vermitteln, ohne dass sein Verhalten zu viel Bedeutung und
damit Macht gewinnt, ohne dass er ein «Mittel» hat, sie «hoch-
zubringen», und ohne Geschrei und Gewalt* (**Entwurf einer
erzieherischen Perspektive**). *Sie selbst muss ertragen lernen, dass sie ihrem Kind auch Enttäuschungen zumuten kann
und es um eine wichtige Interaktion zwischen ihr und ihrem
Sohn geht und nicht um die Beurteilung ihrer Fähigkeiten
durch andere Leute* (**Erkennen der eigenen Beweggründe**). *Während dieser Überlegungen atmet sie durch und
entspannt ihre hochgezogenen Schultern. Sie schaut ihrem
Sohn in die Augen und sagt in ruhigem Ton: «Nein, du bekommst jetzt nichts!» Seine Rebellion beantwortet sie mit lei-
sem, bestimmtem: «Nein!» Sie setzt in Ruhe ihren Einkauf
fort, ohne ihn weiter zu beachten* (**Grenzen bestimmt und
deutlich setzen**). *Susanne lässt sich nicht aus der Ruhe bringen, schämt sich nicht, rechtfertigt sich nicht und signalisiert
keine weitere Verhandlungsbereitschaft. Falls sie sich nicht von
Anfang an zu diesem Verhalten durchringen konnte, wird es
vielleicht eine Weile dauern, bis Max nach und nach mit sei-*

nem Gejammer aufhört. Aber er wird! Was Susanne sich nicht vorstellen konnte, trifft ein, nämlich dass Max nach einiger Zeit ein zufriedeneres, handsameres Kind sein wird.

Vertreten Sie Ihre Meinung auch kleinen Kindern gegenüber klar und bestimmt, ohne sich aus der Ruhe bringen zu lassen, sich aufzuregen oder zu rechtfertigen!

Was erlebt Max während Susannes Reaktionen? Er provoziert Susanne in der Hoffnung, doch noch sein Ziel zu erreichen. Solange sich die Reaktionen hochschaukeln, erlebt er ein Gefühl der Macht, das er ausreizen möchte, bis es ihm irgendwann selbst nicht mehr geheuer ist. Eigentlich will er auch nicht, dass Susanne sich so aufregt, aber schließlich könnte er ja doch noch etwas bekommen (sie wendet sich ihm ja immerhin zu), er erkennt keine eindeutige Haltung, spürt Susannes Unsicherheit. Falls sie nicht nur ausnahmsweise nachgeben würde, sondern immer (passive Haltung), würde Max einerseits immer vehementer immer mehr fordern, andererseits würde er auch ängstlicher werden. Erinnern wir uns, Kinder sind durch ihr Weltbild großen Ängsten ausgesetzt, sie spüren instinktiv ihre Ohnmacht in einer unüberschaubaren Welt. Kinder wollen Eltern, bei denen sie erkennen können, dass die Erwachsenen Macht und Kontrolle über vermeintliche Unwägbarkeiten besitzen, also imstande sind, ihren Kindern Schutz und Geborgenheit zu geben. Erlebt ein Kind nun, dass es sehr leicht Macht über unsichere Eltern gewinnt, fühlt es sich der Welt viel stärker ausgeliefert, es «weiß», dass es nicht in Ordnung sein kann, wenn es Erwachsene beherrschen kann. Das Kind bekommt Angst und versucht immer stärker Grenzen anstatt nachgebender Gummiwände zu finden. Es entwickelt sich entweder zum «Monsterchen», das die Eltern tyrannisiert, oder zum ängstlichen «Duckmäuserchen», das gar nicht mehr versucht, sich zu erproben.

Kinder brauchen Grenzen!

Susanne verhält sich eher wie viele passive Eltern, die so lange nachgeben, bis sie es selbst nicht mehr aushalten, ihnen der Geduldsfaden reißt und sie explodieren. Max empfindet vor allem das handgreifliche Ende der Szene als demütigend, er hat auch ein bisschen Schuldgefühle, weil er Susanne so auf die Palme gebracht hat, aber vor allem hat er gelernt, dass es sich lohnt, dieses Verhalten immer wieder von neuem zu probieren, denn so oder so befindet er sich im Mittelpunkt ungeteilter Aufmerksamkeit. Und daran wird er sich auch noch erinnern, wenn er später mit beginnender Pubertät seine Machtkämpfe erproben und gewinnen will.

Falls sich Susanne zu einem ruhigen, bestimmten Verhalten durchringen kann, erlebt Max, dass sie die Situation im Griff hat, er wird versuchen, noch ein bisschen zu quengeln oder zu verhandeln, aber letztendlich fühlt er sich sicher und gibt nach.

Seit dem Ende der sechziger Jahre haben viele Eltern (und Erziehungsberater) die Meinung verbreitet, dass autoritäre Erziehungsstile den Kindern grundsätzlich schaden würden und damit überholt seien. Unter autoritär wurde jegliche Reglementierung, jedes Verlangen von Gehorsam eingeordnet. Kinder sollten sich «frei» entfalten können, ungebremste Kreativität entwickeln, sich selbst bestimmen können. Die strenge Vor- und Nachkriegserziehung, die Kindern Würde und Willen absprach, sollte der Vergangenheit angehören. Wie immer, wenn fest verankerte Strukturen aufgebrochen werden, kam es zu einer übertriebenen Gegenbewegung, das «Kind wurde mit dem Bade ausgeschüttet». Was die Reformer nicht bedachten, war das (vielleicht damals nicht ausreichend bewusste) Weltbild des Kindes, für das Grenzenlosigkeit eher grenzenlose Angst und Unsicherheit bedeutet, und darüber hinaus die begrenzte Belastbarkeit der Eltern. Seinerzeitige extreme Experimente mit antiautoritärer Erziehung führten übrigens fast ausnahmslos zum Zerfall der entsprechenden Familienstrukturen.

Die so erzogenen Kinder ordneten sich später überdurchschnittlich oft in geradezu spießbürgerlich konventionelle Verhältnisse ein.

Die der Belastung nicht standhaltenden Eltern begannen also (streng durfte man ja nicht sein), mit ihren Kleinkindern zu diskutieren, zu verhandeln, sich zu rechtfertigen. Natürlich mit mäßigem Erfolg. Geblieben ist aus dieser Zeit eine große Verunsicherung darüber, wie Erziehung zu gestalten sei, so dass eine für alle Beteiligten verträgliche Belastung nicht überschritten wird und somit über die Wahrung der persönlichen Würde und Rechte von Kind und Eltern ein positives familiäres Miteinander entsteht, das für alle eine Erleichterung und Bereicherung des Alltags darstellt.

Wie erzieht man Kinder in einer von Konsum bestimmten Welt mit einem materiellen Überangebot? Wie kann man ihnen die richtigen Prioritäten aufzeigen, ihnen dabei helfen zu lernen, mit Konsum und Geld vernünftig umzugehen?

Die erste Voraussetzung ist, sich selbst über den eigenen Umgang mit Konsum und Geld klar zu werden. Welche Rolle spielt das Geld in der Familie, wie viel Raum wird ihm in Gesprächen, Diskussionen und Streit gewidmet? Wie wichtig ist Besitz, sind Konsumgüter und materielle Wünsche? Wie zufrieden sind Eltern und wie sehr hängt diese Zufriedenheit von materiellen Erwägungen ab? Wenn wir unseren Kindern ein ausgeprägtes Konsumentendasein vorleben, dürfen wir uns nicht wundern, wenn sie uns nacheifern.

Wie stark hängt Ihre persönliche Zufriedenheit von der Erfüllung materieller Wünsche ab?

Eltern beklagen vor allen Dingen, dass sich durch massiven äußeren Druck wie überbordende materielle Angebote, raffinierte allgegenwärtige Werbung oder Gruppendruck durch Gleichaltrige das tägliche Leben massiv verkompliziert hat. Wie also den Alltag erleichtern?

Kleinen Kindern kann man, wie in unserem Beispiel, am besten mit konsequenter Bestimmtheit entgegentreten. Wichtig dabei ist eigentlich nur, Ruhe und Freundlichkeit zu bewahren und für sich selbst zu wissen, welche Linie man verfolgt (wenn Sie ein schlechtes Gewissen haben, weil Sie meinen, Sie müssten sich und damit ihrem Kind mehr leisten können, wird es Ihnen schwer fallen, mit Bestimmtheit aufzutreten). Diese Linie findet man am leichtesten, wenn man wieder eine **Erziehungsperspektive entwirft**: Wie soll mein Kind später die Welt erleben? Welche Schlüsse soll es aus meinem Verhalten ziehen? Das heißt, Sie müssen wissen, warum Sie es für wichtig erachten, Ihrem Kind nicht jeden Wunsch zu erfüllen, und dieses Wissen sollte nicht lediglich bedeuten, dass Sie es sich zurzeit leider nicht leisten können. Sie müssen also eine Einstellung zu Konsum und Wunscherfüllung finden, zu der Sie auch wirklich stehen können. Sie können Ihr Kind in Ruhe darauf hinweisen, dass Sie seinen Wunsch verstehen können, er aber jetzt nicht erfüllt werden kann. Erinnern Sie es an die nächste Gelegenheit, zu der es beschenkt werden wird und dass es den Wunsch dann erneut äußern kann, falls er noch wichtig ist.

Erwarten Sie nicht, dass Ihr Kind von sich aus von seinem Wunsch ablässt. Sich-zufrieden-geben-Können mit dem, was man hat, ist ein Attribut von Reife und überfordert ein Kind.

Wir haben oben schon einige Konsequenzen aufgezeigt, die sich für die Persönlichkeit des Kindes aus zu nachgiebiger Wunscherfüllung ergeben. Darüber hinaus hat das Überbewerten materieller Dinge weitere negative Folgen, die das Kind genauso beeinträchtigen können wie uns selbst, wenn wir es zulassen.

Wenn wir erlauben, dass wir selbst oder unser Kind von der Erfüllung materieller Wünsche abhängig werden, erreichen wir keine tiefe Zufriedenheit, sondern bestenfalls vorübergehende Genugtuung. Allzu schnell steht der nächste Wunsch im Raum. Jedes Zuviel wird aber zwangsläufig zum Ballast, der uns Zeit, Energie und Unbeschwertheit raubt. Jedes Überschüttetwerden stumpft uns ab, verkommt zur Beliebigkeit, nimmt uns die langfristige Freude. Ein Zuviel erzeugt in uns und unseren Kindern nicht etwa vielfältige Kreativität, genau das Gegenteil ist der Fall. Wir lassen uns blockieren durch ein Sich-beschäftigen-Müssen, beeinträchtigen durch Pflegen, Ordnen, Verwalten-Müssen, und verwirren, weil wir nicht wissen, welche Prioritäten wir setzen sollen. Spielerische Leichtigkeit und Muße gehen verloren. Kinder, deren Instinkte noch funktionieren, kann man denn auch dabei beobachten, wie sie inmitten einer Überfülle der interessantesten Spielsachen hingebungsvoll mit einem Korb Wäscheklammern spielen, womit sie sich womöglich auch noch Vorwürfe einhandeln. Zeigen Sie auch kleinen Kindern schon, dass es schön sein kann, Ordnung und Überblick zu haben. Machen Sie es ihnen einfach vor und beziehen Sie sie mit ein. Weisen Sie immer wieder darauf hin, dass ein Zuviel Ballast sein kann: «*Gut, dass du nicht so viele Spielsachen wie im Kindergarten aufräumen musst, es macht doch viel mehr Spaß, wenn man sich nur mit seinen Lieblingssachen beschäftigen darf.*»

Zudem können Kinder den fatalen Eindruck gewinnen, dass Wünsche ganz leicht zu verwirklichen sind, sie erfahren nicht, was es kostet, viel Geld zu verdienen oder auf andere Dinge zu verzichten. Diese Kinder werden als Erwachsene, sobald sie selbst für ihre Wünsche aufkommen müssen, unzufrieden mit der Welt und ihrem Schicksal hadern, das ihnen plötzlich eigene Anstrengung und Bemühung zumutet.

Unkritischer Konsum ist also bei uns und unseren Kindern ein zweischneidiges Schwert. Während kleine Kinder eine reflektierte Einstellung und bestimmtes Auftreten von ihren Eltern brauchen, fordern ältere Kinder natürlich Erklärungen (keine Rechtfertigungen!). Dies geschieht am besten, indem man beginnt, ihnen kindgerecht aufzuzeigen, aus welchen Beweggründen man handelt: *«Sieh mal, wenn wir uns jeden Wunsch, der uns gerade in den Sinn kommt, erfüllen wollten, bedeutet dies, dass Mama oder Papa noch mehr arbeiten müsste und wir weniger Zeit füreinander hätten. Glaubst du, dass dieser Wunsch das wert wäre? Wenn dir seine Erfüllung wirklich wichtig ist, könntest du ihn bei der nächsten Gelegenheit auf deinen Wunschzettel setzen oder du sparst dein Taschengeld dafür.»* Weisen Sie Ihr Kind immer wieder auf die verschiedenen Konsequenzen hin, die Wünsche mit sich bringen, ohne sie zu verurteilen. Helfen Sie ihm herauszufinden, welchen Stellenwert die Erfüllung hat. Machen Sie ein Spiel daraus zu erkennen, durch was alles wir uns beeinflussen lassen. Erklären Sie die Absichten und raffinierten Methoden der Werbung. Doch jede Erklärung muss mit einer eindeutigen, bestimmten Haltung einhergehen. Eigene Unzufriedenheit und Unsicherheit bezüglich der Ziele werden sich immer auch auf die Kinder übertragen. Denn schon bei Kindern dienen allzu große Konsumwünsche häufig als Ersatz für emotionale Befriedigung.

Was brauchen Kinder wirklich?

Warum verhalten sich Kinder ungezogen, renitent, warum wollen sie alles haben? Es gibt nur einen Grund, der Kinder veranlasst, sich auffällig zu verhalten: Sie haben keine unerfüllten Wünsche, sondern vor allem unerfüllte Bedürfnisse. Unsere Bedürfnisse charakterisieren die uns eigene Lebensform, sie sind Ausdruck unserer Persönlichkeit und beziehen sich auf die Dinge, die wir brauchen, um uns wohl zu fühlen. Dazu gehören, über die Sicherung unserer Lebensgrundlagen (Ernährung, Behausung, Pflege, Kleidung) hinaus, vor allem Liebe, Freundschaft, Kontakt, Zuwendung, aber auch die Beschäftigung mit etwas, das uns wirklich interessiert, ob das nun Bücher, Malstifte, Pinsel, Sammlungen oder sportliche Aktivitäten sind. Die Erfüllung unserer Bedürfnisse ist für unser Wohlbefinden und die Entfaltung unserer Persönlichkeit notwendig und hinterlässt ein Gefühl tiefer Befriedigung.

Das, was wir uns wünschen, hingegen brauchen wir nicht unbedingt, um uns grundsätzlich wohler zu fühlen. Dementsprechend ist die Freude über die Erfüllung eines kurzfristigen Wunsches nicht selten sehr flüchtig, ja wandelt sich sogar manchmal nach wenigen Tagen in Desinteresse oder Ernüchterung um.

Helfen Sie Ihren Kindern unterscheiden zu lernen, wann es ihnen um die Erfüllung eines Bedürfnisses geht und wann es sich um einen vielleicht nur flüchtigen Wunsch handelt.

Kinder brauchen vor allem Interesse an ihrer Person, Zärtlichkeit und Körperkontakt, Beachtung, Zuwendung und Anregung. Sehr kleine Kinder bekommen häufig noch ein ausreichendes Maß an Zuwendung. Doch sobald die Kinder selbständiger werden und die Eltern sich an ihr Elterndasein gewöhnt haben, nimmt die Aufmerksamkeitsrate ab. Sehr viele Eltern sind heutzutage so sehr mit sich selbst und ihren eigenen Problemen beschäftigt, dass sie die Persönlichkeit ihres Kindes nicht mehr richtig wahrnehmen und sich darauf beschränken, die Kinder materiell gut zu versorgen. Auch Berührung und Körperkontakt nehmen mit dem Älterwerden des Kindes rapide ab. Doch auch ältere Kinder brauchen es, in den Arm genommen zu werden, zu spüren, dass sie geliebt werden. Eltern würden mangelnde Zuneigung zu ihrem Kind weit von sich weisen, vergessen aber leicht, dass man einem Kind zeigen muss, dass man es liebt, um ihm ein Gefühl des Integriertseins zu vermitteln. Es ist erschreckend, wie viele Kinder Zweifel an der Zuneigung und Akzeptanz ihrer Eltern haben!

Kinder brauchen vorbehaltlose Zuneigung!

Nehmen Sie also Ihr Kind in den Arm, schenken Sie ihm Beachtung und echtes Lob für die Erkenntnisse und Fähigkeiten, die Ihr Kind täglich lernt. Eine halbe Stunde wirkliche Zuwendung kann drei Stunden Quengeln verhindern. Nehmen Sie Ihrem Kind jeden Zweifel, dass irgendetwas mit ihm nicht in Ordnung sein könnte. Wenn Sie gestresst, müde, ärgerlich oder traurig sind, teilen Sie dies Ihrem Kind mit, um zu verhindern, dass es Ihre Emotionen auf sich bezieht. Wenn Sie sich über Ihr Kind ärgern, sagen Sie ihm das unmissverständlich, ohne ihm das Gefühl zu geben, dass Ihre Zuneigung dadurch abnimmt. Sagen Sie niemals: «Wenn das oder jenes passiert . . ., wenn du dich so oder so verhältst, . . . habe ich dich nicht mehr lieb!» Niemals!

Kinder, die sich abgelehnt fühlen oder unter mangelnder Aufmerksamkeit leiden, werden alles tun, um Beachtung zu provozieren, selbst wenn dies unangenehme Folgen hat: Jede Aufmerksamkeit ist besser als keine Aufmerksamkeit.

Kinder brauchen Anregung

Kinder sind neugierig, sie wollen sich mit etwas Interessantem beschäftigen, wollen etwas zu tun haben. Sie haben den Drang, den Dingen auf den Grund zu gehen und Inhalte zu erforschen. Dadurch wächst ihre Fähigkeit zu denken und zu verstehen, ihre Intelligenz wird gefördert. Je vorgefertigter Spielsachen sind, je weniger Möglichkeiten sie zur Umgestaltung und Veränderung lassen, umso schneller werden sie folglich uninteressant. Da Kinder alles erst lernen müssen, finden sie überall Betätigungsfelder, manchmal auch welche, die die Eltern weniger begeistern. Geschickte Eltern bieten ihren Kindern Bereiche oder Material, mit denen sie sich gefahrlos und anhaltend beschäftigen oder ihrem Forschungsdrang nachgeben können, ohne etwas dauerhaft zu zerstören.

Kinder, die stumpfer Langeweile ausgesetzt werden, lassen sich meist etwas einfallen und nehmen dabei in Kauf, dass dabei vielleicht etwas Unangenehmes passiert: Denn jede Beschäftigung ist besser als keine Beschäftigung.

Verhindern Sie, dass Ihre Kinder mit Spielsachen zugemüllt werden, mit denen wenig anzufangen ist. Suchen Sie Dinge aus, die möglichst viel Raum für Fantasie lassen. Spannung und Faszination leben aus dem Nichtsichtbaren, nicht sofort Erfassbaren. Wir selbst kennen dies aus

Büchern und Filmen, die uns durch das fesseln, was nicht gesagt oder gezeigt wird, was wir mit unserer Fantasie ausfüllen können. Je detaillierter etwas ausgestaltet ist, umso mehr bindet es uns an die vorgegebene Form und umso schneller verlieren wir unser Interesse. Denken Sie einmal darüber nach, was Ihr Interesse über einen längeren Zeitraum fesseln konnte, sicher finden Sie diese These bestätigt. Mit dieser Vorgabe ist es nicht mehr so schwierig, Material für Ihr Kind auszusuchen. Auch die guten alten Dinge wie Knetgummi, Malutensilien, Buntpapier und Bastelmaterial haben aus diesem Grund nie an Aktualität eingebüßt, genauso wenig wie Lego-Steine oder Figuren, mit denen sich Geschichten spielen lassen.

Sorgen Sie in nicht alltäglichen Situationen wie gemeinsamen Einladungen oder unvermeidlichen Wartezeiten vor, indem Sie irgendetwas mitnehmen, was Ihr Kind noch nicht kennt.

Ältere Kinder wissen meistens recht gut, womit sie sich beschäftigen wollen. Hier ist nur noch für Ausgleich bei allzu einseitiger Beschäftigung zu sorgen. Sollten Sie also ein Kind in dem Alter haben, in dem «Gameboys», «Play-Stations» oder Computerspiele «in» sind, akzeptieren Sie diese Erscheinungen als Tribut an den Zeitgeist, letztendlich trainieren die Kinder auch damit Fähigkeiten, die sie später brauchen werden, und sei es, dass sie Berührungsängste abbauen. Erlauben Sie allerdings nicht, dass die Kinder sich in ihrer Freizeit nur noch auf diese Art beschäftigen, begründen Sie Ihre Gebote und besprechen Sie Alternativen. Wenn sich die Kinder mit ihren Vorlieben ernst genommen fühlen, sind sie auch bereit, sich in andere Richtungen führen zu lassen.

Erziehen Sie Ihr Kind (und sich selbst!) dazu, sich von abgelegter Kleidung und Spielsachen, die es nicht mehr braucht, zu trennen. Führen Sie mit ihm zusammen die Sachen wieder einem Zweck zu, indem Sie sie an Hilfsorganisationen weitergeben, an Bedürftige verschenken oder auf dem Flohmarkt verkaufen. Üben Sie dabei keinen Zwang aus, sondern betonen Sie das Wohlgefühl der Erleichterung und die Freude, die Dinge wieder einem Sinn zugeführt zu haben. Respektieren Sie auch, wenn das Kind etwas aufheben möchte!

Der Besitz Ihres Kindes gehört zu seiner Intimsphäre! Sie haben nicht das Recht, seine Sammlungen, wie unnütz sie Ihnen auch immer erscheinen, ohne Zustimmung zu sortieren oder zu entsorgen. Genauso wenig können Sie darüber entscheiden, welche Bedürfnisse Ihr Kind haben oder erfüllen sollte. Sie werden, besonders bei älteren Kindern, hinter einem Wunsch nicht immer sofort das eigentliche Bedürfnis erkennen können, vor allem, wenn es um die gewünschte Zugehörigkeit zu einer favorisierten Gruppe geht, die ihm die Erfüllung bestimmter Wünsche aufzwingt. In diesem Fall ist es ratsam, sehr vorsichtig und diplomatisch herauszufinden, um was es wirklich geht. Auch wenn Eltern der Meinung sind, dass es sich um einen idiotischen oder nicht nachvollziehbaren Wunsch handelt, kann für Ihr Kind die Erfüllung eines wichtigen Bedürfnisses auf dem Spiel stehen!

Sollte Ihr Kind, ausgelöst durch seine «Peergroup», einen dringenden Wunsch haben, dessen Ausmaß oder Preis Ihre Vorstellungen überschreitet, nehmen Sie diesen Wunsch trotzdem ernst und sprechen Sie mit Ihrem Kind. Versuchen Sie, gemeinsam Kompromisse oder Lösungen zu finden, oder erklären Sie, warum Sie den Wunsch nicht erfüllen, obwohl Sie ihn als wichtig anerkennen!
Helfen Sie Ihrem Kind, sein eigentliches Bedürfnis zu erkennen («Würdest du dich ausgeschlossen oder lächerlich fühlen?»).

Kinder, deren wirkliche Bedürfnisse befriedigt werden, lernen zu akzeptieren, dass maßloser Konsum mehr schadet als nützt, dass es wichtigere Dinge gibt als die Erfüllung kurzlebiger Wünsche, dass man manchmal auch länger warten oder etwas dazu tun muss, bis wichtigere Wünsche realisiert werden können.

Dies setzt voraus, dass Sie in Ihren familiären Beziehungen sorgsam darauf achten, dass sich Respektlosigkeit, Aneinander-Vorbeireden oder -leben, Sprachlosigkeit, Lieblosigkeit oder Resignation gar nicht erst einschleichen können. Dazu gehören guter Wille, Mut und Offenheit. Wenn Sie Ihren Kindern dies geben können, werden sie einen guten Schutz gegen Konsumabhängigkeit entwickeln.

Familiäre Freizeitgestaltung

Anne ist Hausfrau und Mutter von vier Kindern. Während die beiden Älteren schon in der Pubertät sind, befinden sich die beiden Kleinen noch im Grundschulalter. Anne war immer glücklich mit ihrer Hausfrauenrolle, sie hält ihre Aufgaben als Mutter auch gesellschaftlich für wichtig und hat sie immer sehr ernst genommen.

In den letzten Jahren fühlt sie sich allerdings zunehmend erschöpft, besonders ihr Jüngster mit seinem überschäumenden Temperament strengt sie sehr an, zumal ihr viel beschäftigter Mann seit seiner Selbständigkeit ihr kaum noch zur Seite stehen kann. Als sie nur zwei Kinder hatte, legte sie großen Wert darauf, diese optimal zu fördern, sie besuchte Spielgruppen, informierte sich regelmäßig zu Erziehungsthemen und bot den Kindern eine sehr abwechslungsreiche Freizeit. Es verging kein Wochenende, an dem sie nicht mit den Kindern unterwegs war, ob im Wildpark, im Puppentheater, im Schwimmbad, beim Radfahren oder im Museum. Als ihr drittes Kind zur Welt kam, musste sie diese Aktivitäten stark einschränken, zum Glück war ihre kleine Tochter eher ruhig und beschäftigte sich viel mit sich selbst, so dass sie trotz Mehrbelastung gut zurecht kam. Dies änderte sich mit ihrem jüngsten Sohn, der von Anfang an ihre ganze Aufmerksamkeit einforderte, besonders nachdem er eine schwere Krankheit im Säuglingsalter überstanden hatte, die ihnen sehr viel Sorge und ihm einige beängstigende Krankenhausaufenthalte eingebracht hatte. Wie zum Ausgleich klebte er seither an seiner Mutter, wünschte ständigen Kontakt und Beschäftigung. Anne fühlte sich überfordert, zumal sie plötzlich das Gefühl hatte, sich keinem Kind mehr richtig widmen zu können, und sie entwickelte ein permanent schlechtes Gewissen. In ihren Augen improvisierte sie nur noch, ihre hohen Ziele bezüglich der Erziehung ihrer Kinder hatte sie längst aufgegeben.

Mit ihrem Jüngsten verband sie anfangs ein starkes Mitgefühl, und obwohl ihr die Ärzte Gegenteiliges bestätigten, konnte sie diffuse Schuldgefühle wegen seiner Krankheit nicht überwinden. Also widmete sie sich ihm mit ihrer ganzen (schwindenden) Kraft. Er entwickelte sich prächtig, den geringfügigen Entwicklungsrückstand hatte er schnell überwunden. Nach einigen Jahren begannen sie enge Vertraute vorsichtig auf die auffällige Ich-Bezogenheit Philips hinzuweisen, doch sie sah immer noch den schwachen, bläulichen Säugling vor sich und konnte ihm nichts abschlagen. In Philips Augen konnte man ein merkwürdiges Funkeln wahrnehmen, wenn er seine Mutter bei jedem Gespräch, jeder Beschäftigung unterbrach, sie nach jedem Wochenende mit Vorwürfen überzog, weil seine Klassenkameraden im Gegensatz zu ihm so viel am Wochenende erlebt hatten und montags davon berichteten. Anne tat, was sie konnte, um ihn zufrieden zu stellen, doch irgendwie war es nie genug. Schließlich brachte sie in einer Gesprächs-

runde mit anderen Müttern das Thema Freizeitgestaltung zur Sprache und stellte zum ersten Mal sowohl ihre eigenen Ansprüche als auch die Ansprüche ihrer Kinder in Frage.

Viele Kinder entwickeln ähnlich ihren Konsumwünschen hohe Ansprüche in Bezug auf die familiäre Freizeitgestaltung. Wir sind alle permanent schillernden Verlockungen ausgesetzt, eine ganze Industrie möchte uns glauben machen, dass wir uns ohne ständige Vergnügungen unglücklich fühlen müssten. Serien und Filme für Kinder und Jugendliche stellen eine bunte Welt als Normalität dar, an die kein normaler Maßstab mehr heranreicht. Auch wir Erwachsenen fallen auf die schönen Bilder herein, die uns überall umgeben, suchen Orientierung in einer Flut von Informationen und Beschäftigungsmöglichkeiten. Unbewusst lassen wir uns dabei von den Normen und Vorlieben der Gruppe von Menschen leiten, der wir uns zugehörig fühlen. Zugehörigkeit ist der Schlüssel für unsere Entscheidung, wie wir uns kleiden oder was sich für uns zu besitzen lohnt. Und Zugehörigkeit ist es auch, was Kinder und vor allem Jugendliche suchen, wenn sie genau das haben wollen, was alle anderen auch haben.

**Kinder haben das dringende Bedürfnis,
sich zu einer Gruppe zugehörig zu fühlen.**

Kinder hassen Individualität, sie wollen so sein, wie alle anderen sind, wollen das anhaben, besitzen und erleben, was sie bei ihren Altersgenossen sehen. Um zu sich selbst zu finden, brauchen sie erst einmal die totale Identifikation mit ihrer Gruppe. Ohne diese Identifizierung fühlen sie sich ausgeschlossen, entfremdet und unzulänglich, empfinden sich als (und werden oft zum) Außenseiter. **Kindern fehlt das Bewusstsein dafür, ob ein favorisierter Wunsch ihrem eigenen Inneren entspringt oder dem Gruppendruck, der sie umgibt.**

Vor diesem Hintergrund kann man die Dringlichkeit mancher Wünsche besser verstehen und sich Aussagen wie: «Du willst das ja nur, weil Markus das auch hat!» ersparen. Gleichzeitig wird deutlich, dass viele Konsumwünsche emotionale Gründe haben und abnehmen, wenn sich die emotionale Befindlichkeit verbessert. Das zu erkennen ist wieder die eigentliche Aufgabe der Eltern.

Je mehr Zugehörigkeit und Geborgenheit ein Kind in seiner Familie findet, umso weniger konsequent muss es die Zugehörigkeitsregeln seiner Gruppe befolgen.

Ganz unabhängig von Gruppenzugehörigkeit kann und sollte ein Kind nicht werden, aber wenn die Eltern ihrerseits Orientierung bieten, kann es genauso die Prioritäten der «Gruppe» Familie akzeptieren und achten. Je weniger es sich ernst genommen, wahrgenommen und verstanden fühlt, umso penetranter wird es seine Wünsche einfordern. Leider verfolgen viele Eltern, ohne sich dessen bewusst zu sein, genau denselben Weg. Viele Mütter und Väter, die ihrerseits den gesellschaftlichen Voraussetzungen und Forderungen folgen, haben ein schlechtes Gewissen ihren Kindern gegenüber, weil sie viel zu wenig Zeit und Aufmerksamkeit für sie aufbringen können. Um ihre mangelnde Zuwendung und Gesprächsbereitschaft auszugleichen, meinen diese Eltern, ihren Kindern wenigstens materiell etwas bieten zu müssen. Sie versuchen, die Wünsche ihrer Kinder manchmal über ein erträgliches Maß hinaus zu erfüllen, wobei sie unbewusst die unselige Verknüpfung Wunscherfüllung = emotionales Wohlbefinden verstärken und damit die Konsumspirale hochschrauben.

Wir fühlen uns nicht besser, wenn wir mehr konsumieren, sondern wir konsumieren weniger, wenn wir uns besser fühlen! Sorgen Sie also für emotionales Wohlbefinden!

Es ist in unserer heutigen gesellschaftlichen Struktur sehr schwierig, sich dessen bewusst zu werden, wie viele

Konsumwünsche wir mit emotionalen Inhalten überlagern, aber es lohnt sich, dies herauszufinden, denn nur so können wir unsere Beziehungen verbessern und uns aus dem materiellen Joch befreien, was unseren Alltag vereinfachen und wesentlich angenehmer gestalten würde.

Anne gehört nicht zu den Eltern, die sich deshalb dazu verpflichtet fühlen, mit ihren Kindern etwas zu unternehmen, weil sie sonst nie Zeit haben. Sie zeigt aufgrund ihrer hohen Ideale eher Überbehütungstendenzen. Ihr **Einfühlungsvermögen in das kindliche Weltbild** *ist gefärbt von Mitleid, Ängsten und Schuldgefühlen. Deshalb konnte sie den Zeitpunkt, als Philip seine Defizite wettgemacht hatte, nicht erkennen und begann ihn zu verwöhnen, indem sie grundsätzlich seine Bedürfnisse über ihre eigenen stellte und darüber hinaus versuchte, seine zahlreichen Wünsche zu erfüllen. Für sie wäre es wichtig, ihre* **eigenen Beweggründe zu erkennen und zu reflektieren:** *«Philip hatte einen schwierigen Start ins Leben, was mir sehr Leid tut. Vielleicht war ich schon zu alt für ein viertes Kind und er war deswegen nicht stabil genug. Ich fühle mich irgendwie schuldig, was allerdings nicht hilfreich ist. Ich muss akzeptieren, dass jeder Mensch sein eigenes Schicksal hat. Es war richtig, ihm anfangs besonders viel Wärme und Nähe anzubieten, damit er seine Krankenhauserlebnisse überwinden konnte. Ich kann so gut nachempfinden, was er gefühlt haben muss, war ich doch selbst als Kind so viel krank und habe mich so oft so einsam gefühlt. Allerdings musste meine Mutter arbeiten und mich immer weggeben, während ich ständig für Philip da war. Also* *gilt mein Mitgefühl wohl eher dem Kind, das ich einmal war, als Philip. Wenn ich mich davon frei mache, kann ich sehen, dass er mittlerweile alles hat, was er braucht. Ich kann seine gerechtfertigten* **Bedürfnisse ernst nehmen** *und ihm trotzdem angemessene Grenzen setzen. Ich möchte nicht, dass er sich weiterhin so fordernd und anspruchlich benimmt und anfängt andere zu tyrannisieren. Auf diese Weise würde er sich später schwer tun, Freunde zu finden oder Einschränkungen hinzunehmen* (**Entwerfen einer erzieherischen Perspektive**). *Ich werde ab und zu etwas mit ihm unternehmen, ihm zumuten, dass er sich auch alleine beschäftigen und meine Bedürfnisse respektieren muss, und ich werde ihn animieren, öfter Freunde zu besuchen oder einzuladen, damit er zum einen seine Kontaktbedürfnisse besser befriedigen kann und zum anderen seine Vergleiche mit anderen Familien realistischer ausfallen können* (**Finden von Lösungen und Kompromissen**).

Lassen Sie sich nicht von Ihren Kindern oder anderen Eltern in einen Konkurrenzkampf darum hineinziehen, wer die einfallsreichsten Kinderfeste, die aufregendste Wochenendunternehmung oder die interessanteste Reise anbietet.

Zeitschriften, Bücher und Sendungen übertreffen sich heutzutage mit Anregungen, wie das originellste Kinder-, Geburtstags-, Frühlings-, Sommer-, Herbst-, Advents- und Faschingsfest zu gestalten ist, wie Kinder am Wochenende zu unterhalten sind, wie Kinderzimmer einzurichten wären und Mahlzeiten herzurichten sind, um das Kinderherz zu erfreuen. Lassen Sie sich davon nicht beeindrucken. Mit kunstvollen Dekorationen und raffinierten Gerichten brüsten sich meist mehr die Mütter als die Kinder. Gerade in einer Zeit der Überfülle freuen sich Kinder oft mehr über das Einfache und die altbewährten Spiele. Wenn ein Kind sich wirklich wohl fühlt, ist ihm relativ egal, ob es von Designer- oder selbst gebauten Möbeln umgeben ist.

**Wecken Sie nicht dort Begehrlichkeiten,
wo noch keine sind!**

Was erlebt Philip? Als Säugling und Kleinkind ließ er sich von gesunden Impulsen leiten, um seine Defizite aufzuholen und sich zu versichern, dass er, trotz der entfremdenden Erlebnisse, angenommen und geliebt wird. Einen Säugling kann man nicht verwöhnen. Doch irgendwann bemerkte er, dass es sehr bequem war, jegliche Gefühle der Langeweile von der Mutter beseitigen zu lassen (wir erinnern uns, Kinder hassen Langeweile). Schließlich gewöhnte er sich daran und er entwickelte kein Repertoire, um sich selbst zu unterhalten. Inzwischen hat er entdeckt, dass er eine gewisse Macht über seine Mutter hat (sein Funkeln in den Augen) und es dadurch nicht schwer ist, seine Wünsche erfüllt zu bekommen. Allerdings überkommen ihn öfter Angstgefühle, wenn seine Mutter nicht gleich zur Verfügung steht, oder er fühlt sich sehr wütend, wenn ihn niemand beachtet. Was weder Mutter noch Sohn bewusst wird, ist, dass Philip, obwohl seine Mutter sich so bemüht und nur das Beste für ihn will, in der Entfaltung seiner Persönlichkeit behindert wird.

Selbstvertrauen zum Beispiel erwächst aus dem Erproben der eigenen Kräfte, aus dem selbständigen Überwinden unangenehmer Situationen. Ein Kind, das nicht nach und nach dahin geführt wird, Langeweile selbst auszufüllen (zunächst mit Anregung) und kurzzeitig frustrierende Gefühle auszuhalten, kann weder ausreichend Selbstvertrauen noch Mut, noch Kreativität entwickeln. Zudem wird es Ängste und Abhängigkeiten anhäufen, da es sich im Innersten nicht zutraut, alleine mit etwas fertig zu werden. Und aus dem Verhalten seiner Mutter schließt es, dass auch sie es ihm nicht zutraut. Gerade bei Kindern mit sehr zugewandten Müttern kann man oft eine große Ängstlichkeit und Schüchternheit beobachten, sobald die Mutter aus einer zunächst fremden Situation ausgeklammert ist (Kindergarten, Schule). Manchmal verlagern diese Kinder ihre Abhängigkeit auf eine andere Bezugsperson, manchmal katapultieren sie sich in eine Außenseiterposition, weil sie glauben, den anderen Kindern nicht gewachsen zu sein. Es ist oft gar nicht so einfach, die Kinder aus diesem Käfig wieder zu befreien. Gesteigerte Bemutterung verstärkt das Problem. Die klammernden Hände dieser Kinder müssen vorsichtig vom Rockzipfel gelöst werden, indem man ihre Gefühle ernst nimmt und ausspricht: «*Du hast jetzt ein bisschen Angst vor dem Neuen, mir geht das auch manchmal so, aber das Gefühl vergeht wieder!*», und sie nach und nach ermutigt, standzuhalten: «*Du schaffst das schon.*» Jeder Erfolg sollte gelobt werden.

Überbehütung raubt die seelische Eigenständigkeit und schwächt!

Kreativität und das Entfalten besonderer Fähigkeiten sind nicht Sache von Training, sondern werden gefördert durch Freiraum, Leere und die Möglichkeit, verschiedene Dinge auszuprobieren. Vielen großen Geistern vergangener und gegenwärtiger Zeiten war in ihrer Kindheit keine beständige Förderung zuteil geworden, im Gegenteil, nicht selten waren sie als Kinder widrigen Umständen ausgesetzt oder viel sich selbst überlassen gewesen.

Kinder brauchen Zeit für sich selbst.

Mittlerweile ist deutlich geworden, dass man Kindern keinen großen Gefallen tut, wenn man sie mit Geschenken und vorgeplanten Freizeitaktivitäten überfüttert. Die wirksamsten Mittel, Kinder vor einer fortschreitenden Konsumentenhaltung zu bewahren, sind Vorbild, das Entgegensetzen echten Interesses und Wärme und die Beachtung der eigentlichen Bedürfnisse der Kinder.

Kinder und Fernsehen

Auch unsere technischen Errungenschaften animieren schon Kinder zu unkritischem Konsum. Im Zentrum des Interesses und vieler Diskussionen steht dabei zweifellos der Fernseher. Heutzutage verbringen schon sehr kleine Kinder sehr viel Zeit vor dem Fernseher. Die allgegenwärtige Möglichkeit, auf einen Knopf zu drücken und ohne weitere Mühe unterhalten zu werden, ist verführerisch für Jung und Alt. Die ständige Verfügbarkeit von Apparat und Programmen bringt mit sich, dass die meisten Menschen mehr fernsehen, als sie bei kritischer Betrachtung für sich selbst als gut erachten. Der Fernseher verliert damit seine eigentliche Funktion, gezielte Information und Unterhaltung zu überbringen, und wird stattdessen dazu benutzt, Langeweile zu vertreiben, von Stress und Kummer abzulenken oder nach Anstrengung abzuschalten. Obwohl er für diese Funktionen denkbar ungeeignet ist, wurde er unversehens in vielen Familien zum Mittelpunkt der Freizeitgestaltung. Wen wundert also, dass Kinder von klein auf den Fernseher gewohnt sind. Man mag darüber streiten, wie günstig unkritischer Fernsehkonsum für Erwachsene ist, Kindern schadet er in jedem Fall.

---- ❖ ----

Benutzen Sie Ihren Fernseher nur gezielt für vorher ausgewählte Sendungen.

---- ❖ ----

Besonders kleine Kinder können die Flut von Reizen, die von den bunten, sich schnell bewegenden Bildern ausgeht, nur schlecht verarbeiten. Manche Kinder versuchen, die sich aufbauende innere Spannung durch ständiges Gehampel und Positionswechsel abzubauen, andere starren so gebannt und regungslos auf das Bild, dass man dies gar als veränderten Bewusstseinszustand deuten könnte. Diese Verhaltensweisen zeigen in jedem Fall, dass die Kinder die Sendung sehr intensiv erleben und sich sehr beeindrucken lassen, was bedeutet, dass sie auch sehr leicht zu überfordern sind. Reizüberflutung führt zu

Nervosität, Schlaf- oder Einschlafstörungen, Reizbarkeit, Unruhe oder Ängsten.

Darüber hinaus sind die Kinder durch die zum Teil höchst zweifelhaften Inhalte der Sendungen zusätzlichen Belastungen ausgesetzt. Erinnern wir uns an das Weltbild kleiner Kinder: Sie erleben die Bilder unmittelbar und treffen Verknüpfungen, die ihren «unerfahrenen» Vorstellungen entsprechen. Sie können nicht «zwischen den Zeilen lesen», wissen nicht, dass zum Beispiel eine ausgesprochene Drohung gar nicht wahr werden könnte, ahnen nicht, dass sich das «Gute» durchsetzen wird, dass alles «nur Film» ist. Ähnlich wie bei den Märchen, deren «Bildmaterial» allerdings ihrer eigenen kindlichen Fantasie entspringt, erleben sie Filme als Realität, nur dass dabei die Bilder von Erwachsenen gestaltet werden und obendrein sehr temporeich sind.

Falls es Ihnen gelingt, sich einmal einen Krimi, Katastrophen- oder Abenteuerfilm so anzusehen, als würden Sie mit der gesehenen «Realität» konfrontiert, ohne sich weitere Gedanken dazu machen zu können oder sich zu beruhigen, so als wären Sie in dem Film, ohne zu wissen, was passieren wird, können Sie ungefähr ermessen, was für einem Stress Kinder ausgesetzt sind, während sie fernsehen.

Kinder **erleben** also die Geschichten, die sie sehen, und damit ein Feuerwerk unterschiedlicher Gefühle. Da eine solche gefühlsmäßige Intensität sehr anstrengend ist, wäre es wichtig, Fernsehintervalle für Kinder kurz zu gestalten. Sitzen Kinder regelmäßig zu lange vor dem Apparat, bleibt der Seele dieser Kinder nichts anderes übrig, als sich zu schützen: Um den Schmerz, die Angst, die Trauer und die Wut nicht mehr in dem Ausmaß zu spüren, schrauben sie ihre gefühlsmäßige Beteiligung nach und nach zurück, die Seele zieht sich zurück und die Gefühle verflachen. Einer amerikanischen, groß angelegten Studie zufolge haben Kinder heutzutage bis in ihr Jugendalter zigtausende Morde, Vergewaltigungen, Horror- und Gewaltszenen gesehen. Die Folgen liegen auf der Hand: Um sich zu schützen, nicht den eigenen Gefühlen und dem Entsetzen anheim zu fallen, lassen Kinder diese Bilder nicht mehr so an sich heran, sie blocken ihre Gefühle ab, mit anderen Worten, es bleibt ihnen nichts anderes übrig als abzustumpfen.

Übermäßiger und falscher Fernsehkonsum stumpft ab!

Wenn Kinder Gesehenes für Realität halten, erleiden sie oft eine erhebliche Verzerrung ihres Weltbildes. Dies kann zu Ängsten, Hoffnungslosigkeit, Resignation führen oder aber im Gegenzug zu Größenfantasien: Nur der «actionerprobte» Held überlebt, also möchte man selbstverständlich der sein. Auch die Wertesysteme und Menschenbilder, die von vielen Sendungen vermittelt werden, sind nicht selten sehr fragwürdig. Menschenleben oder Menschenwürde sind nicht viel wert, Gut und Böse werden eindeutig und fein säuberlich voneinander getrennt, Gewalt wird oft als gerechte Rache sanktioniert und verherrlicht, Konflikte werden durch Aktionismus beseitigt, weniger durch Nachdenken.

Zu allen Übeln fügt die Werbeindustrie das ihrige hinzu. Nicht nur, dass von ihr gesponserte Sendungen zu Werbesendungen mit kurzen Filmblöcken verkommen, dass sie unnötige Begehrlichkeiten weckt, nein, die im Gegensatz zu vielen Filminhalten geradezu «schönen» Bilder (von einem Heer von Psychologen erdacht, um unser Unterbewusstsein und unsere tiefsten Wünsche anzusprechen) wirken ausgesprochen erholsam und entspannend und erreichen so ihr Ziel, uns tief zu beeinflussen.

Wie beenden wir also die vielen Debatten mit unserem Nachwuchs über Fernsehzeiten und -sendungen? Wir haben heute wenig Chancen, Fernseher und Computer aus unserem Leben zu verbannen. Dies ist auch gar nicht notwendig, solange wir uns unsere technischen Errungenschaften zu Untertanen machen und uns nicht von ihnen versklaven lassen.

Bieten Sie kleinen Kindern nicht von sich aus an fernzusehen, zum Beispiel um Ihre Ruhe zu haben! Sobald diese den Fernseher «entdecken», suchen Sie gezielt eine verträgliche Sendung aus. Mit etwas Glück findet man auch pädagogisch wertvollere Beiträge; Vorsicht mit Zeichentrickfilmen, sie sind oft nicht weniger grausam und gewaltträchtig! Bleiben Sie bei kleineren Kindern in der Nähe, lassen Sie sie herumzappeln, unaufmerksam sein, zwischendurch etwas anderes machen. All das sind gesunde Impulse, mit deren Hilfe Kinder Spannung abbauen. Kinder mit (noch) gesunden Instinkten gehen weg, halten sich Augen oder Ohren zu, schalten um, wenn die Sendung für sie unbekömmlich wird. Trotz einer gewissen lustvollen Faszination, die Gewaltszenen in Menschen auslösen können, wollen psychisch gesunde Kinder (und Erwachsene!) dies eigentlich lieber nicht sehen!

Nach einer Sendung ist Schluss! Denken Sie an Ihre **erzieherische Perspektive** und lassen Sie sich nicht zu mehr überreden! Mit älteren Kindern können Sie eine bestimmte tägliche oder wöchentliche Zeitspanne aushandeln, in der sie fernsehen dürfen. Geben Sie Ihren Kindern das Wochenprogramm und bitten Sie sie, sich entsprechend der erlaubten Zeit Sendungen auszusuchen (oder tun Sie dies mit ihnen gemeinsam), die sie dann anstreichen dürfen. So trainieren Sie mit ihnen einen kritischen und überlegten Umgang mit dem Medium Fernsehen. Besprechen Sie mit älteren Kindern Ihre Bedenken, Gefahren und Nutzen sämtlicher Medien, was voraussetzt, dass Sie auch für sich selbst kritisch damit umgehen. Schauen Sie sich auch Sendungen mit an und seien Sie gesprächsbereit. Hilfreich ist, wenn der Fernseher nicht an exponierter Stelle untergebracht wird. Manche Eltern meinen, es sei sinnvoll, den Kindern Fernsehen überhaupt zu verbieten oder Geräte wie Fernseher, Computer und so weiter gar nicht erst ins Haus zu holen. Leider entwickeln auf diese Weise viele Kinder einen solchen Nachholbedarf, dass sie bei jeder Gelegenheit vor fremden Apparaten sitzen, wo sie dann unkritisch konsumieren und sich jeder Kontrolle entziehen.

Ähnliches gilt für Computer und Co.! Richtig eingesetzt können sie hervorragende Hilfsmittel sein, missbraucht süchtig machen oder zumindest viel sinnlose Zeit fressen.

Kinder brauchen Zuhörer:
Kommunikation, aktives Zuhören,
Konflikte

———— ❖ ————

Monika weiß sich nicht mehr zu helfen. Wann immer sie ihre 14-jährige Tochter Verena anspricht, bekommt sie muffige, knappe Antworten, an ein Gespräch ist schon lange nicht mehr zu denken. Verena hat sich seit einiger Zeit verändert, sie scheint fast immer unzufrieden, lustlos und schlecht gelaunt zu sein. Nach dem Mittagessen verschwindet sie in ihrem Zimmer, um die meiste Zeit auf dem Boden liegend Musik zu hören oder vor sich hin zu träumen. Selbst ihren einst geliebten Hobbys geht sie nur noch selten und eher widerwillig nach. Für alle wohl gemeinten Vorschläge, die Monika ihr unterbreitet, hat sie höchstens ein gelangweiltes Achselzucken übrig. Was Monika besonders Sorge bereitet ist, dass sie auch weiter keine Freundschaften zu pflegen scheint, sich eher zurückzieht. Nur am Wochenende verschwindet sie regelmäßig in eine Eisdiele, wo sie andere Jugendliche trifft, die Monika allerdings nicht für den richtigen Umgang für Verena hält.

Verenas Leistungen in der Schule haben deutlich nachgelassen und das einzige Mädchen in ihrer Klasse, mit dem sie Kontakt hat, ist laut Aussagen der Lehrer eine ziemliche Außenseiterin. Aus den seltenen Äußerungen Verenas erfährt Monika, dass sie sich hässlich, zu klein und zu dick fühlt, nichts von sich hält und vor allem keine Lust hat, mit den «aufgestylten Modepüppchen», die die Klasse dominieren, um die Gunst der Jungs zu konkurrieren.

«Weißt du, fast alle Mädchen haben in deinem Alter ein bisschen Babyspeck, wenn du etwas weniger Schokolade essen würdest, hättest du die paar Pfündchen sofort los. Zieh doch mal deine schöne dunkelblaue Hose und den blau-weißen Pulli an, dann wirkst du sofort frisch und sportlich. So wie jetzt siehst du gar nicht wie ein fröhliches junges Mädchen aus.» Horst packt seine Tochter etwas härter an: «Wenn du ewig herumhängst, kann aus deinen Noten nichts werden. Und solange du deinen Hintern nicht hochbekommst, sehe ich nicht ein, dir Nachhilfeunterricht zu finanzieren, das würde ja deine Faulheit geradezu unterstützen. Außerdem erwarte ich von dir, dass du allmählich deine Mutter etwas mehr entlastest, du bist alt genug, um Pflichten im Haushalt zu übernehmen, und zum Ausgehen hast du ja auch Zeit!»

Verena lässt sich nur selten auf Streit ein, der dann allerdings zu Gebrüll vor allem mit dem Vater eskaliert, bis Monika genervt dazwischengeht. Meistens verhält sie sich jedoch, als würde sie gar nicht hören, was gesagt wird, irgendwann steht sie auf und verlässt den Raum. Die Eltern empfinden ihr Ver-

halten als unerträglich phlegmatisch und provozierend und ha-
ben Angst, dass Verena sich ihre ganze Zukunft verbauen
könnte, weswegen sie nicht nachlassen, sie beeinflussen zu
wollen. Doch jeder Rat, jeder Appell an ihre Vernunft, jedes
Argument und auch jede Kritik oder Drohung verhallen ohne
Wirkung.

Es ist sicher nicht immer so schwierig, mit dem eigenen
Kind zu kommunizieren, wie in der Pubertät. Allerdings
beweist sich zu diesem Zeitpunkt die Qualität der Kommunikation und Interaktion, die in der Vergangenheit
aufgebaut wurde. Schon bei kleinen Kindern stellen Eltern die Weichen für den späteren Umgang mit ihnen.

Wir Erwachsenen haben die Angewohnheit, unser Verhalten und unsere Gefühle permanent einzuordnen und
zu beurteilen. Oder zumindest zu kommentieren, in Gedanken und leisen oder halblauten Selbstgesprächen. «Ich
darf keinesfalls vergessen, die Rechnung zu bezahlen. Jetzt
bin ich schon wieder nicht dazu gekommen, zur Post zu
gehen. Eigentlich ärgere ich mich über Walter, er hätte
mir den Gefallen ruhig tun können. Ich muss unbedingt
versuchen, vor Februar die Steuererklärung fertig zu stellen» und so weiter. Psychologische Untersuchungen haben zutage gebracht (was jeder von uns unbewusst auch re-
gistriert), dass sich die Art, wie man zu sich selbst spricht,
und die Selbsteinschätzung je nach Wohlbefinden, Ge-
sundheitszustand und Stimmung von Mensch zu Mensch,
aber auch bei jedem einzelnen Menschen phasenweise
stark unterscheidet. Leicht daraus zu schließen, dass genau

diese Art von Auseinandersetzung mit uns selbst unsere Ausstrahlung und unsere Fähigkeit, erfolgreich mit anderen umzugehen, sehr stark beeinflusst. Bedauerlicherweise sind die Bewertungen, die viele Menschen für sich und andere finden, häufig eher negativ getönt. So auch die Formulierungen, die Eltern für Kinder finden: *«Fass das nicht an, steig da nicht drauf..., fall ja nicht herunter..., tu dir nicht weh..., stell nichts an im Kindergarten..., bring keine schlechte Note..., treib dich nicht herum!»*

Aus der Hypnose und Suggestionstherapie (autogenes Training, Entspannungsverfahren), wo negative Formulierungen um jeden Preis vermieden werden müssen, wissen wir, dass negative Bewertungen einen Eindruck im Unterbewusstsein hinterlassen, der die Erwartungen leicht erfüllt. Wir stellen uns formulierte Situationen plastisch vor, was offenbar einen magischen Sog auslösen kann, in diese hineinzugeraten. In der Rennfahrer-Ausbildung zum Beispiel sagt man den Fahrern: Wenn du in eine schwierige Situation gerätst, richte deinen Blick auf den Fluchtweg, schau, wo du eine freie Linie, ein freies Feld findest, schau die Aussparung zwischen zwei Bäumen an und steuere dorthin. Die Erfahrung zeigte, dass die Aufforderung, nicht in den Unfall hineinzufahren oder nicht an den Baum zu fahren, falls man von der Straße abkomme, dazu führte, dass die Fahrer nicht anders konnten, als genau das zu tun. Manche Fahrer berichteten, dass sie wie hypnotisiert von dem Unfall oder dem Baum waren und es ihnen nicht gelang, den Blick abzuwenden.

Negative Formulierungen, sich selbst und anderen gegenüber, hinterlassen einen Eindruck im Unterbewusstsein, der fast hypnotisch genau in die unerwünschte Richtung führt.

Ein Kind, dem Sie sagen *«Fall nicht vom Klettergerüst herunter»*, wird sehr viel mehr gefährdet sein als eines, dem Sie sagen *«Halt dich gut fest und achte darauf, wo du hintrittst»*. Dabei kommt es nicht nur darauf an, dass man seine Botschaften positiv formuliert, sondern es ist besonders für Kinder und offenbar auch für Erwachsene wichtig, dass der Angesprochene eine Idee bekommt, wie er die Empfehlung verwirklichen kann. *«Fall nicht vom Klettergerüst herunter»* hinterlässt im Gehirn die Vorstellung, wie man fällt, ohne eine Idee, wie dies zu vermeiden wäre. *«Halt dich gut fest . . .»* vermittelt ein Bild von Kraft und Behändigkeit und die Idee, wie dies umgesetzt werden kann, lässt das Bild klar und deutlich erstehen.

Schauen wir uns neben der Funktion unseres Bewusstseins auch an, was in dem angesprochenen Kind geschieht. *«Fall nicht . . .»* vermittelt dem Kind:

1. Das Klettergerüst ist gefährlich, man könnte sich verletzen (negative Selbsteinschätzung).
2. Es scheint nicht leicht zu sein, dort hinaufzukommen (negative Selbsteinschätzung, Zweifel).

3. Mein Vater/meine Mutter traut mir nicht wirklich zu, es zu können (Schwächung des Selbstwertgefühls).

Falls nun, wie oben befürchtet, das Kind wirklich herunterfällt, erlebt es zusätzlich zum Sturz eine Schwächung seines Selbstvertrauens und eine Zunahme seiner Angst davor, Ähnliches noch einmal zu versuchen. Es misstraut künftig seinen Fähigkeiten zu klettern und vergrößert seine Abhängigkeit von den Eltern, denn die haben ja Recht behalten.

«*Halt dich . . .*» bedeutet:

1. Das Klettergerüst stellt eine Herausforderung dar (positive Selbsteinschätzung).
2. Wenn ich es so mache, scheint es bewältigbar zu sein (positive Selbsteinschätzung, Lerneffekt, etwas anzupacken).
3. Meine Eltern trauen mir zu, dass ich das schaffen kann (Stolz, Stärkung des Selbstwertgefühls).

Das Kind gewinnt Selbstvertrauen, indem es seine Fähigkeiten erproben und erweitern kann. Es lernt seine Kräfte kennen und wird selbständig.

Selbst wenn nun das Kind im obigen Fall wieder heil unten ankommen würde, während es im zweiten Fall stürzt, haben die aus den Anweisungen gezogenen Schlüsse eine kaum geschmälerte Wirkung. Das Kind erlebt vielleicht im ersten Fall, dass es es doch schaffen kann, doch nachdem die Eltern es ihm eigentlich nicht zugetraut haben, bleiben Zweifel, ob sein Erfolg nicht nur Zufall war und ob es nicht vielleicht beim nächsten Mal schief geht. Um wirklich einen Gewinn für sein Selbstvertrauen zu haben, müsste das Kind ähnliche Erfolge ganz oft wiederholen können, woran es, dank trainierter negativer Gedanken, vermutlich nicht wirklich glaubt.

Fällt das Kind im zweiten Fall herunter, wird es vielleicht kurze Zweifel haben, aber da die Eltern ihm im Prinzip zugetraut haben es zu schaffen, wird das Kind vielleicht etwas vorsichtiger und wird es wagen, den Versuch zu wiederholen. Die Eltern könnten ihm helfen zu analysieren, warum es gefallen ist, und das Kind wird erkennen, wo es besser aufpassen muss. Es glaubt aber weiterhin daran, dass die Kletterpartie zu schaffen ist, und müsste nun sehr oft hinunterfallen (oder sich sehr verletzen), um sein Selbstvertrauen zu verlieren.

Darüber hinaus gibt es eine wichtige Regel, um das Verhalten von Kindern langfristig positiv zu beeinflussen:

Loben und bestärken Sie jeden Schritt in die richtige Richtung und ignorieren Sie ungünstiges Verhalten!

Erziehung läuft bei uns oft umgekehrt: Wir sehen es als selbstverständlich an, wenn unser Kind sich so verhält, wie wir es uns vorstellen, mahnen aber jedes Fehlverhalten sofort an. Dadurch erhält unser Kind zum falschen Zeitpunkt unsere Aufmerksamkeit. Ähnlich wie bei den negativen Formulierungen «lernt» es, auf welche Art unser Interesse, nach dem es sich sehnt, am leichtesten zu bekommen ist. Wir bestärken also unbewusst das Verhalten, das wir nicht wünschen!

Prüfen Sie selbst, welche Vorgehensweise für Ihre **langfristige Erziehungsperspektive vorteilhaft ist!**

Leider sind wir so gewohnt, unsere Botschaften negativ zu formulieren, dass es eine Weile dauern kann, bis man Formulierungen automatisch positiv ausdrückt. Aber es lohnt sich! Hier einige Beispiele: «*Halt dich gut fest! Bleib auf dem Gehsteig beziehungsweise Radweg! Bleib in meiner Nähe, so dass du mich sehen kannst! Sag mir Bescheid, wo du hingehst! Versuch es einfach so gut du kannst (Klassenarbeiten)! Wenn du aufgeregt bist, atme ruhig durch und lies die Angaben langsam und genau!*»

Halten wir die ersten zwei Punkte fest, auf die es bei der Kommunikation mit Kindern ankommt:

- **Positive Formulierungen**
- **Klare Anweisungen**

Gerade bei kleinen Kindern gibt es viele Situationen, in denen es um ihrer Sicherheit willen unabdingbar ist, dass sie den Anweisungen ihrer Eltern folgen.

Wir haben in einem der vorhergehenden Kapitel bereits den Unterschied zwischen strengem, nachgiebig-passivem, manipulativem und geradlinig-bestimmtem

Verhalten bei Eltern kennen gelernt. Auch wenn es um Gehorsam geht, erweist sich letzteres Verhalten als das erfolgreichste. Wenn es darum geht, ein Kind vor einer Gefahr zu schützen, oder wenn das Kind ohne lange Diskussionen gehorchen soll, ist es wichtig, dass Botschaften **ruhig, bestimmt, kurz und klar** formuliert werden:

- Martin, komm hierher, sofort!
- Melanie, räume deine Schuhe aus dem Weg, jetzt gleich!
- Markus, ich möchte, dass du in normalem Ton mit mir sprichst!
- Maria, sei um 10 Uhr zu Hause!
- Miriam, du gehst nach dem Essen mit dem Hund hinaus!

Das direkte Ansprechen des Kindes dient der unmissverständlichen Kontaktaufnahme, was auch durch direkten Augenkontakt ergänzt werden kann, falls das Kind nahe genug ist. Geben Sie Ihrer Stimme einen ruhigen, festen, konsequenten Ausdruck, der Ihrem Kind signalisiert, dass es in diesem Fall keine Wahl hat. Vergewissern Sie sich gegebenenfalls, dass Ihr Kind zugehört hat («Hast du verstanden?»). Machen Sie sich klar, dass es sich bei Ihrem Wunsch um eine nicht zu diskutierende Notwendigkeit handelt, und selbst wenn Sie in dem einen oder anderen Fall ein «bitte» einfügen wollen, muss Ihre Unnachgiebigkeit deutlich zu erkennen sein. Durch diese **konse-**

quente Bestimmtheit wird Ihr Kind lernen, Ihren Anweisungen Folge zu leisten!

Es ist eher schädlich als förderlich, im Augenblick der Anweisung Gründe dafür anzugeben. Dies würde von der direkten, klaren Kommunikation nur ablenken. Jedes Begründen, Argumentieren, Diskutieren und Rechtfertigen würde Ihrem Kind vermitteln, dass es vielleicht doch eine Chance hat, an Ihrer Entschlossenheit zu rütteln, zumindest könnte es Zeit gewinnen. Auch wenn das Kind noch nicht gewohnt ist zu folgen, wiederholen Sie ruhig Ihre Anweisung! Geben Sie keinesfalls nach, sofern es sich für Sie um etwas nicht zu Diskutierendes handelt! Versuchen Sie möglichst Ruhe zu bewahren!

Wann immer es Ihnen um dringende Anliegen geht, **vermeiden Sie:**

- **Aggressives Vorgehen:** *«Wenn du jetzt nicht sofort folgst, setzt es was!»* Kinder empfinden aggressives Verhalten sehr stark als persönliche Willkür, sie erkennen sehr viel schlechter die Notwendigkeit dahinter. Je nach Häufigkeit der Anwendung reagieren Kinder eingeschüchtert, verstört, resigniert oder trotzig darauf. Besonders wenn es darum geht, die Kinder vor einer akuten Gefahr zu schützen, ist keine dieser Reaktionen wünschenswert. Wo streng-aggressives Verhalten den vorherrschenden Erziehungsstil kennzeichnet, besteht die Gefahr, Duckmäuser oder Revoluzzer großzuziehen, die es schwer haben, ein gesundes Selbstbewusstsein zu entwickeln.

- **Nachgiebiges Verhalten:** *«Schätzchen, bitte sei jetzt brav und folge!»* Auch bei derartigen Anweisungen kann ein Kind keine unmittelbare Notwendigkeit erkennen, die lieb gemeinten «Füllsel» im Satz (Schätzchen, bitte, sei brav, würdest du vielleicht, sei so nett) drücken keinerlei Bestimmtheit oder Dringlichkeit aus. Sie vermitteln dem Kind Spielraum zu folgen oder eben auch nicht. Um ein Kind zu schützen, ist dieses Verhalten ungeeignet. Allerdings reagieren auch nachgiebige Eltern in Gefahrenmomenten meist instinktiv anders, oft indem sie einen lauten, hysterischen Befehl geben, der dann die Kinder erschreckt und sie leicht kopflos reagieren lässt. Ein grundsätzlich passiv-nachgiebiger Erziehungsstil bringt Kinder hervor, die oft tyrannische Züge haben, mit denen sie ihren Eltern auf der Nase herumtanzen. Später schwanken sie zwischen Selbstüberschätzung und Ängstlichkeit und haben nicht selten große Probleme, ihre Persönlichkeit positiv zu entfalten.

- **Manipulatives Verhalten:** *«Es macht mich noch ganz krank, dass du nie folgst. Du wirst schon noch sehen, was du davon hast!»* Kinder wollen selbstverständlich nicht, dass jemand ihretwegen leidet. Da manipulatives Verhalten unsachlich ist, können sie auch gar keinen Zusammenhang zwischen ihrem Tun oder Lassen und dem Unbehagen des anderen erkennen. Diese Kinder folgen entweder, ebenfalls ohne die sachliche Notwendigkeit zu erkennen, oder sie ziehen sich gefühlsmäßig zurück, um das «Leid» nicht an sich heranzulassen, und versuchen Schliche zu finden, die ihnen ersparen, folgen zu müssen, ohne dass es richtig auffällt. Sind Kinder häufig manipulativem Verhalten ausgesetzt, entwickeln sie ein permanent schlechtes Gewissen, unbegründete Schuldgefühle oder sie versuchen, keinesfalls an irgendetwas schuld zu sein. Als Erwachsene haben sie große Probleme, die Grenzen zwischen sich und anderen wahrzunehmen, sie fühlen sich entweder für alles übertrieben verantwortlich oder sie versuchen, sich jeder Verantwortung zu entziehen. Immer aber sind sie in Gefahr, ihrerseits zu manipulieren, da sie keinen direkten Weg kennen, ihrem Selbst Ausdruck zu geben, oder selbst weiterhin manipuliert zu werden. Sich ständig schuldig zu fühlen oder aber ständig Schuld innerlich abzuwehren, verhindert eine neutrale, umfassende Einschätzung einer Situation und damit eine klare, eindeutige Kommunikation.

Manipulatives Verhalten ist seit Generationen weit verbreitet. Es wird angewandt, um den anderen dahin zu bekommen, wo man ihn haben möchte, ohne einen direkten Wunsch oder Befehl aussprechen zu müssen. Manche bewerten ein solches Vorgehen als «klug» oder «raffiniert» und entwickeln eine wahre Meisterschaft darin. Dabei werden nicht nur eigene Empfindungen und persönliche moralische Werte als allgemein gültig erklärt, sondern oftmals wird auch das vermeintliche «Wohl» der Mitmenschen als Manipulationsmittel eingesetzt:

«Ich werde noch verrückt . . ., wahnsinnig . . ., krank . . .

mit dir; Das kannst du mir nicht antun . . .; Na gut, dann bleibe ich eben alleine zurück . . .; Ich würde mir furchtbare Sorgen machen . . .; Ich werde mich zu Tode fürchten, aber geh nur . . .; Amüsiert euch nur, was mit mir ist, ist ja egal . . .; Du wirst schon sehen, was passiert . . .; Es wäre besser für dich, wenn du bei diesem Wetter zu Hause bleiben würdest, anstatt auszugehen . . .; Willst du wirklich dort hingehen? Du wirst dich bestimmt nicht wohl fühlen, die anderen sind doch alle viel . . . gebildeter, . . . reicher, . . . besser, . . . gewandter, . . . dümmer, . . . schlechter, . . . einfacher als du; Du würdest dich bestimmt verletzen . . ., erkälten . . ., verirren . . .; Das tut man nicht, was sollen denn die Leute denken . . .; Was werden denn deine Freunde von dir halten . . .; Denk an deinen Ruf . . .; Wenn du dich mit solchen abgibst, wirst du für . . . gewöhnlich, . . . billig, . . . leicht zu haben, . . . überheblich, . . . durchgedreht gelten.»

Wahrscheinlich könnten Sie diese Liste endlos ergänzen, jeder von uns hat schon ähnliche Sätze gehört, von Eltern, Verwandten, Partnern oder Freunden. Daran sieht man, dass eine klare, direkte Kommunikation nicht besonders verbreitet ist. Versuchen Sie einmal, die Sätze in eine direkte Aussage zu verwandeln: *«Ich möchte, dass . . .; Ich wünsche mir, dass . . .; Ich befürchte, dass . . .; Bleibe hier bei mir . . .; Ich hätte Angst . . ., würde mich nicht trauen . . ., will mich nicht genieren . . ., mache mir Gedanken, dass . . .»* Die Mehrzahl der Sätze drehen sich um die Gefühle und Ansichten desjenigen, der sie ausspricht! Manchmal will die manipulierende Person tatsächlich Schaden von einer anderen Person abhalten, meistens aber geht es ihr um sich selbst! Sie befürchtet, für egoistisch oder herrisch, autoritär oder dominant gehalten zu werden, wenn sie direkte Sätze ausspricht. Vor allem aber muss sie dann Verantwortung für ihre Aussagen übernehmen und sich notfalls anderen Meinungen oder Auseinandersetzungen stellen, und sie geht das Risiko ein, dass sie sich irrt und eventuell «schuld» ist, wenn eine andere Meinung vorteilhafter gewesen wäre.

Üben Sie, Ihre Botschaft positiv, klar und direkt auszudrücken!

Es gibt also einige Voraussetzungen, um ruhig, klar, direkt und bestimmt reagieren zu können. Eine davon ist **Mut**, sich den Gegebenheiten zu stellen. Dann **Selbstbewusstsein**, um zu wissen, was man warum will, und um aushalten zu können, dass man in Frage gestellt wird. Und nicht zuletzt **innere Ruhe und Gelassenheit**, um mit Situationen angemessen umzugehen. Besonders an dem letzten Punkt scheitert häufig ein überlegtes Verhalten.

Wenn Eltern ständig unter Druck, in Hetze, Anspannung, Kummer und Sorge leben und sich am Rande ihrer Kraft bewegen, wird es ihnen schwer fallen, über eine längerfristige Erziehungsperspektive nachzudenken und entsprechend zu handeln.

Eine Grundlage für ein entspanntes Miteinander, einen reibungslosen und damit erleichterten Ablauf des Alltags ist, dass Eltern auch für ihre eigene Ausgeglichenheit sorgen. Eltern, die sich auch «selbst wertschätzen», achten nicht nur die Bedürfnisse ihrer Kinder, sondern auch ihre eigenen. Mütter und Väter brauchen Zeit und Raum für sich allein und als Paar, die Möglichkeit, sich zu erholen und Kraft zu schöpfen, um gesund und zufrieden bleiben und so ihre Aufgaben als Eltern und im Alltag bewältigen zu können. Auch wenn niemandem Zeiten von Sorgen, Kummer und Schwierigkeiten erspart bleiben, können Eltern zu einer Lebenseinstellung finden, die ihnen ermöglicht, Probleme als vorübergehende Herausforderung zu bewältigen und an Lösungsmöglichkeiten zu glauben und zu arbeiten, so dass ihre Grundeinstellung zum Leben positiv und interessiert bleibt.

Sorgen Sie auch für Ihre eigenen Bedürfnisse!

- **Sorgen Sie für sich selbst:** Das oberste moralische Gebot, das ein Mensch für sich selbst zu beachten hat, lautet, dass er die Verpflichtung und Verantwortung hat, soweit es in seiner Macht steht, dafür zu sorgen, dass er selbst körperlich, geistig und seelisch gesund bleibt. Viele kümmern sich heutzutage noch halbwegs um ihre körperliche Gesundheit, aber dass wir auch geistige und seelische «Nahrung» brauchen, ist vielen nicht mehr bewusst.

Achten Sie also außer auf gesunde Ernährung, Bewegung und Schlaf auch darauf, dass Sie sich regelmäßig Zeit nehmen zum Nachdenken und Lesen, für Gespräche und Diskussionen, aber auch zum Träumen, Schmusen, für Hobbys und Freundschaften. Wenn Sie einmal verinnerlicht haben, dass dies keine «vertane» Zeit, kein «Luxus» ist, den man sich nicht im Alltag erlauben kann, sondern ein aktiver Beitrag dazu, gesund und zufrieden zu bleiben, wird es Ihnen nicht mehr schwer fallen, sich kleine «Inseln» im Alltag zu schaffen, die Ihnen Erholung, Entspannung und Anregung bieten und Ihnen damit zu einer Ausgeglichenheit verhelfen, die es Ihnen leichter macht, auch mit den Pflichten und Mühen besser zurechtzukommen. Verlangen Sie von Ihren Kindern, dass sie Ihre «Inseln» respektieren, letztlich kommt es ihnen zugute.

- **Reduzieren Sie Ihre Erwartungen und Ansprüche an sich selbst:** Warten Sie nicht darauf, dass Sie den oberen Punkt von jemand anderem erfüllt bekommen, seien Sie vielmehr darin ein Vorbild, wie man liebevoll auch mit sich selbst umgeht (von Egoismus ist dies meilenweit entfernt!). Verabschieden Sie sich von dem Trugschluss, immer perfekt sein zu müssen. 90% des Drucks, unter dem Sie stehen, entstehen in Ihrem

Kopf. Es gibt keine perfekte Erziehung, keine perfekten Eltern. Setzen Sie Ihre Maßstäbe herab, Sie müssen nicht alles können, alles gut, richtig und sofort machen, immer für alle da sein. In unserer Gesellschaft ist Kindererziehung sehr stark an einzelne Personen gebunden, so dass es unweigerlich zu Überforderungen kommt. Delegieren Sie ruhig das eine oder andere an Großeltern, hilfreiche Verwandte oder Freunde.

• **Hören Sie auf, sich zum Sklaven zu machen:** Besonders Mütter und besonders jene, die nicht berufstätig sind, meinen häufig, sie müssten das Privileg, nicht arbeiten zu müssen, damit bezahlen, dass sie für sämtliche Familienmitglieder allzeit Dienstmädchen, Putzfrau, Botin, Helferin und Chauffeuse spielen. Abgesehen davon, dass eine derartige Verwöhnung niemandem gut tut, ist es für viele Frauen der direkte Weg in ein völliges Ausgebranntsein. Die Bewältigung eines Haushaltes mit Kindern ist mehr, als viele Berufstätige leisten! Muten Sie Ihren Lieben weitmöglichst zu, sich um ihre Angelegenheiten selbst zu kümmern. Hören Sie auf Ihre innere Stimme, Sie spüren sehr genau, wann Ihre Hilfe notwendig ist und wann es sich jemand bequem machen will oder versucht Sie auszunützen.

• **Sorgen Sie für sich als Paar:** Nehmen Sie sich möglichst täglich (zum Beispiel nach der Arbeit oder vor dem Abendessen) wenigstens eine halbe Stunde mit Ihrem Partner Zeit, um sich auszutauschen und beieinander zu sitzen. Lassen Sie sich in dieser Zeit nicht von den Kindern unterbrechen. Schaffen Sie sich mit Hilfe von Babysittern immer wieder einmal «Auszeiten» von Ihrem Elterndasein und gehen Sie aus, treffen Sie sich mit Freunden, seien Sie nur Paar! Es ist auch für Ihre Kinder ein Gewinn, wenn Sie Ihre Partnerschaft liebevoll und lebendig halten.

• **Reduzieren Sie Schuldgefühle:** Erinnern Sie sich, dass in Eltern und Kindern immer auch schicksalhaft sehr unterschiedliche Wesen mit verschiedenen Temperamenten, Gaben und Reaktionsmustern zusammentreffen, die nicht automatisch gleich gut miteinander zurechtkommen. Eltern werden dadurch vor unterschiedlich schwierige Erziehungsaufgaben gestellt und unterschiedlich stark gefordert. Scheuen Sie sich nicht, sich Rat zu holen, wenn Sie dauerhaft Probleme haben, Verständnis und Geduld aufzubringen. Es ist keine Schande, Hilfe zu benötigen, es ist eine Schande, sie sich nicht zu holen. Und, wir sind alle nur Menschen, die nicht robotermäßig gleich reagieren können.

Andererseits gibt es natürlich Situationen, in denen Sie, nachdem Sie Ihre Anweisung ausgesprochen und die Reaktion Ihres Kindes wahrgenommen haben, merken, dass Sie vielleicht doch verhandlungsbereit wären, dass es für Sie doch nicht so unabdingbar wichtig ist, dass dem, was Sie wünschen, sofort Folge geleistet wird. Seien Sie nicht konsequent, um der Konsequenz willen! Es ist auch in Ordnung, wenn Ihr Kind sich gelegentlich durchsetzen darf und daraus lernt, dass es auch damit erfolgreich sein kann und sich Situationen von Fall zu Fall unterscheiden können. Das Kind bekommt dadurch ein Gespür dafür, wann etwas dringend zu akzeptieren ist und wann sich der Einsatz lohnt, vielleicht doch eigene Interessen durchzusetzen.

Kinder brauchen also über kurze, bestimmte Anweisungen in bestimmten Situationen hinaus Erklärungen, die sie mit den Familien-Spielregeln vertraut machen, und auch die Chance, selbst gestalterisch mitzuwirken, indem sie manches in Frage stellen. Wenn es im Alltag nicht gerade notwendig ist, dass Kinder sofort folgen, wird man ihnen mit zunehmendem Alter erklären, welche Verhaltensweisen das Zusammenleben in der Familie für alle leichter, angenehmer und verlässlicher machen, und auch bereit sein, mit ihnen zu verhandeln oder zu diskutieren. Ob es darum geht, Dinge aufzuräumen, beim Sprechen nicht unterbrochen zu werden oder einander mitzuteilen, wohin man geht und wann man zurückkehrt, in dem Moment, wo sich auch Kinder respektiert fühlen, werden sie sich nach und nach in die Spielregeln einfügen. Besonders dann, wenn sie von klein auf gelernt haben, sich an den notwendigen Arbeiten zu beteiligen und auch die Bedürfnisse der anderen ernst zu nehmen, so wie ihre eigenen Bedürfnisse ernst genommen worden sind.

Kommunikations-Stopper versus
aktives Zuhören

Während Kinder heranwachsen, üben sich Eltern in erzieherischen Maßnahmen: Sie zeigen, erklären, maßregeln, loben, geben Ratschläge, machen Vorschläge, belehren, bevormunden, beschwichtigen, verniedlichen, trösten, warnen, drohen, urteilen, moralisieren, beraten, kritisieren, interpretieren und analysieren. Es gibt allerdings Situationen, wo all diese mehr oder weniger wohlmeinenden Verhaltensweisen den Kontakt zum Kind regelrecht blockieren können, nämlich immer dann, wenn sich Kinder in negativen Gefühlslagen befinden, wenn sie verstört, traurig, ängstlich oder wütend sind und Probleme haben, dies auszudrücken. Eltern reagieren meistens alarmiert, wenn sie spüren, dass ihr Kind etwas hat, sie möchten gerne helfen und gehen dabei oft ganz ungeschickt vor.

Stellen Sie sich vor, Sie fühlen sich von einem langjährigen, sehr guten Freund verraten und zurückgewiesen. Sie sind enttäuscht, traurig, sie haben Selbstzweifel und wissen nicht genau, ob Sie dazu beigetragen haben, dass es so kommen konnte, Sie wissen nicht, was Sie jetzt tun sollen. Sie treffen sich mit einem anderen Freund, um darüber zu reden. Sie erzählen ihm, was vorgefallen ist, und er antwortet zum Beispiel folgendermaßen:

(Bitte versetzen Sie sich in das Gefühl, das die jeweilige Antwort in Ihnen auslösen würde!)

«Ach, du Arme, weißt du was, ich rede mal mit ihm!»

«Du bist selbst schuld, dass das passiert ist, ich hab es dir ja schon immer gesagt . . . !»

«Du siehst das ganz falsch!»

«Du bist einfach nicht fähig, dich vernünftig auseinander zu setzen!»

«Ich kann mir vorstellen, wie dir zumute ist, aber das geht vorbei!»

«Denk daran, dass du aus solchen Situationen nur lernen kannst!»

«Sei nicht traurig, der war es sowieso nicht wert!»

«Was dich nicht umbringt, macht dich stark!»

«Ist doch nicht so schlimm, komm, wir lassen uns den Abend nicht verderben!»

Wenn Sie diese Antworten durchgehen, spüren Sie vielleicht, dass keine einzige Ihnen wirklich weiterhilft. Sie fühlen sich möglicherweise beengt, kritisiert, belehrt, beschämt, klein und dumm, abgelenkt, Ihr Problem scheint nicht wirklich angekommen zu sein. Keine dieser Antworten ermutigt Sie, weiterzusprechen oder sich eingehender mit der Sache zu beschäftigen. Derartige Antworten nehmen Ihnen etwas weg: nämlich die Möglichkeit, sich selbst an Lösungsideen heranzutasten.

Nun denken Sie daran, wie üblicherweise mit verstörten, traurigen oder ängstlichen Kindern gesprochen wird:

«Ist doch nicht so schlimm . . ., mach dir nichts draus . . ., da ist doch gar nichts . . ., das bildest du dir nur ein . . ., morgen sieht alles ganz anders aus . . ., du brauchst dir keine Sorgen zu machen . . ., ist doch gar nichts passiert . . ., alles halb so wild . . ., ich sage dir ja immer . . ., den werd ich mir mal vorknöpfen . . .,

du musst eben das nächste Mal..., du brauchst doch keine Angst zu haben, ... traurig zu sein, ... wütend zu sein...» und so weiter.

Nun versetzen Sie sich in ein solches Kind: Kein einziger Zuspruch hilft ihm weiter, sein Problem oder Schmerz wird nicht wirklich ernst genommen. Gehen Sie zurück zur obigen Situation. Was für eine Antwort wäre hilfreich? Wie würden Sie sich fühlen, wenn Ihr Freund zum Beispiel sagen würde:

«Du scheinst ganz schön verletzt zu sein?»

«Magst du darüber reden?»

«Was ist denn schief gelaufen?»

«Machst du dir Sorgen, dass dies ein endgültiger Bruch sein könnte?»

«Fühlst du dich schlecht bei deiner Reaktion?»

«Was willst du denn jetzt machen?»

«Könnte es sein, dass etwas anderes dahinter steckt?»

Diese Antworten animieren Sie, weiterzuerzählen und nachzudenken, sie zeigen die Bereitschaft des Freundes, auf Sie einzugehen. Bei Erwachsenen reicht es aus, zu signalisieren, dass man interessiert und bereit ist, zuzuhören. Das Wesentliche an dieser Haltung, die als **Aktives Zuhören** bekannt geworden ist, besteht darin, sich selbst als Zuhörer völlig zurückzunehmen, das heißt, keine Ratschläge, Kritik, Bewertungen, Urteile, Interpretationen, keinen Trost oder keine Ablenkung in die Antworten zu legen. Nur so kann der Erzähler ganz bei sich, bei seinen eigenen Gefühlen bleiben, kann sprechender- und nachdenkenderweise seinen eigenen Weg finden, mit dem

Problem umzugehen. Gleichzeitig fühlt er sich verstanden und ernst genommen. Kindern hilft es darüber hinaus auszusprechen, was man «zwischen den Zeilen hört» («Du scheinst dich zu ärgern? Fühlst du dich ungerecht behandelt? Gibt es etwas, das ich für dich tun könnte?»).

Wenn man erregt ist und sich über die eigenen Gefühle oder eine Situation klar werden will, ist man nur selten bereit, sich Belehrungen, Argumente oder Ratschläge anzuhören. Vielen Menschen gelingt es allein durch das Formulieren ihrer Probleme, das Grübeln zu beenden, ihre Gedanken zu strukturieren und Lösungen anzuvisieren.

Die Kunst des aktiven Zuhörens besteht darin, dem Erzähler lediglich das widerzuspiegeln, was der Zuhörer wahrnimmt oder heraushört, ohne es selbst zu kommentieren.

Leider bedarf diese Haltung, die sich von normalen Alltagsgesprächen unterscheidet, der bewussten Übung. Besonders Kindern gegenüber fällt sie vielen Eltern sehr schwer, da sie den aktiven, pragmatischen Weg verlässt und außerdem voraussetzt, dass man negative **Gefühle wie Trauer, Angst und Wut bei dem eigenen Kind aushalten kann.** Wir alle fühlen uns leicht sehr hilflos, wenn unser Kind wirklich traurig ist oder Angst hat, und haben den Wunsch, diesen Zustand so schnell wie möglich zu beenden, bevor wir mit unseren eigenen, gut kontrollierten Gefühlen ins Schleudern kommen. Wir versuchen also, dem Kind seine Gefühle auszureden, wegzunehmen, es zu beschwichtigen und abzulenken. Daraus schließt das Kind allerdings, dass man negative Gefühle nicht haben oder in jedem Fall kontrollieren sollte, oder schlimmer noch, es fühlt sich unnormal, weil andere solche Gefühle nicht zu haben scheinen. **Gefühle lösen sich niemals dadurch auf, dass man sie unterdrückt oder verdrängt, sondern einzig und allein durch die Auseinandersetzung mit ihnen!** Wir alle wissen, wie schnell unsere Wut verrauchen kann, wenn man die Chance hat, darüber zu sprechen, und wie wohl es tut festzustellen, dass wir mit unseren Gefühlen nicht alleine sind, dass es anderen genauso geht.

Ein weiterer Grund für die schnelle Einmischung ist, dass leider viele Eltern ihren Kindern nicht wirklich zutrauen, dass sie selbst Lösungen für ihre Probleme finden könnten. Manchmal ist es schwierig zu entscheiden, wann es angebracht ist, sich einzumischen oder dem Kind einen Rat anzubieten, beziehungsweise sich interessiert zurückzunehmen und dem Kind Raum zu geben, sich auszudrücken. Natürlich brauchen Kinder Schutz, Rat oder aktive Unterstützung, sobald ihre eigenen Handlungsmöglichkeiten nicht ausreichen. Grundsätzlich aber gilt, dass Eltern ihre Kinder in dieser Beziehung eher unter- als überfordern und sie viel zu häufig und zu schnell mit ihrer eigenen Meinung konfrontieren. Oftmals sogar ohne wirklich erfasst zu haben, worum es den Kindern in Wirklichkeit geht.

Bevor Sie loslegen, vergewissern Sie sich also, ob Sie das Problem wirklich erkannt haben, ob das Kind imstande wäre, sich selbst zu helfen, ob es innerlich bereit ist, einen Rat entgegenzunehmen, und ob dieser Rat nützlich ist und das Kind weiterbringt. Ein wichtiger Hinweis, an dem Sie sich weiter orientieren können, ist die Reaktion des Kindes auf Ihre Antwort. Wenn ihm an Ihrer Meinung gelegen ist, wird es sich auf ein weiteres Gespräch einlassen. Sobald es verstummt, wäre der Weg des aktiven Zuhörens besser gewesen: Nun ist der Kontakt unterbrochen. Passiert dies oft, werden Sie eine ernsthafte Kontaktstörung zu Ihrem Kind entwickeln. Es wird Ihnen nicht mehr erzählen, wie es sich fühlt und was ihm wirklich wichtig ist, und es wird Sie wahrscheinlich auch nichts mehr fragen. Dies beginnt schleichend im Schulkindalter und kann bis zur Pubertät dramatische Formen annehmen. Oft stehen Eltern dann vor einem Kind, das ihnen völlig fremd geworden ist, dessen Motive und Handlungen sie nicht mehr verstehen können.

Auch in unserem anfangs beschriebenen Beispiel stehen Monika und Horst ratlos vor ihrer pubertierenden Tochter. Horst hat den Eindruck, seiner einzigen Tochter alle Möglichkeiten eröffnet zu haben, höhere Schule, Ballettstunden, Tennisverein, Reitstunden, nicht selten hat er Überstunden in Kauf genommen, um seiner Familie einen hohen Lebensstandard zu bieten. Insgeheim wünschte er sich, dass Verena es einmal zu einer eigenen Firma bringen würde, was ihm nie vergönnt war. Monika wiederum wollte Verena zu einer «höheren» Tochter erziehen, träumte davon, dass sie einen gesellschaftlichen «Aufstieg» machen, es einmal besser haben würde als ihre Eltern. Seit einiger Zeit fühlt sie sich allerdings fatal an ihre eigene Jugend erinnert, die schließlich dazu führte, dass ihre Noten nicht für ihren Traumberuf reichten. Sie schob dies auf die mangelnde Unterstützung durch ihre Eltern und versucht nun ihrerseits, nicht nachzulassen, um sich nicht selbst später einen Vorwurf von Verena machen lassen zu müssen. Was aber ist mit Verena los?

Verena sah von klein auf den erwartungsvollen Blick in den Augen der Eltern. Was immer sie tat oder dachte, die Eltern hatten einen Vorschlag, es besser zu machen. Sie wurde eigentlich ständig angeleitet, belehrt, korrigiert. Schließlich kam sie zu dem Schluss, dass sie irgendwie anders sein müsste, um den Eltern wirklich zu gefallen. Sie begann, sich unzulänglich zu fühlen und daran zu zweifeln, dass sie ohne den Rat der Eltern etwas richtig machen würde. Sie hielt die Eltern für fähig, sich selbst für unfähig, die Eltern für stark, sich selbst für zu schwach, je die von den Eltern gesteckten Ziele zu erreichen. Wann immer sie versuchte, den Eltern etwas mitzuteilen, stieß sie auf vorgefasste Meinungen, wie etwas sein sollte oder wie sie sich verhalten sollte. Schließlich verzichtete sie, unverstanden wie sie sich fühlte, auf die Meinung der Eltern, begann sich zurückzuziehen und ihren Kummer in sich hineinzufressen. Dazu kam, dass sich plötzlich die anderen Mädchen so entwickelten, wie es ihre Eltern für sie gewollt hätten, alle erschienen ihr hübsch, sportlich und liebenswert, bloß sie selbst nicht. Sie fand es plötzlich sinnlos, sich anzustrengen, das «Soll» würde sie sowieso nie erreichen.

Natürlich ahnen Monika und Horst nicht, was in Verena vorgeht. Da sie sie lieben, kämen sie nie auf die Idee, dass Verena sich nicht gut genug fühlen könnte, und schon gar nicht, dass sie als Eltern zu diesem Zustand beigetragen haben. Wären sie mit der Technik des aktiven Zuhörens vertraut, hätten sie eine Chance, wieder Zugang zu Verena zu finden. Dazu gehörte, dass sie sich Zeit nehmen würden, mit Verena zusammen zu sein, ohne den Versuch, ihr etwas nahe zu bringen, und ohne Aufforderungscharakter. Es würde vielleicht eine Weile dauern, aber mit der Zeit würde das Eis schmelzen und es wären wieder Gespräche möglich. So zum Beispiel:

Mutter: «Na, wie war's heute?»

Verena: «Geht!»

Mutter: «Ist etwas schief gelaufen?»

Verena: «Nicht direkt, wie immer halt.»

Mutter: «Hört sich so an, als wärst du zurzeit nicht so gut drauf.»

Verena: «Geht schon.»

Mutter: «Machst du dir über etwas Bestimmtes Gedanken?»

Verena: «Ich weiß auch nicht, ich komme nicht so richtig mit, die anderen scheinen alles besser zu können!»

Mutter: «Ist das nur ein augenblicklicher Durchhänger oder befürchtest du, längerfristig nicht mithalten zu können?»

Verena: «Keine Ahnung, langsam habe ich Zweifel.»

Mutter: «Hast du eine Idee, woran es liegen könnte?»

Verena: «Ich glaube, ich kann mich schlecht konzentrieren.»
Mutter: «Gibt es etwas, das ich für dich tun könnte?»
Verena: «Ich werde es schon wieder in den Griff bekommen!»

In diesem Dialog geht Monika ganz auf ihre Tochter ein, ohne eine eigene Meinung zu dem Thema auszudrücken. Sie bekundet Interesse und Unterstützungsbereitschaft, belässt das Problem aber bei Verena, ohne es sich selbst zu Eigen zu machen. Sie bietet keine Ratschläge oder Belehrungen an und zeigt dadurch Verena, dass sie ihr zutraut, selbst Lösungen zu finden. Verena fühlt sich ernst genommen und erlebt, dass Schwierigkeiten zum Leben gehören und niemand deshalb in Panik oder pragmatische Hilfsangebote verfällt. Durch das offensichtliche Vertrauen der Eltern kann sie an Selbstwertgefühl aufholen und wieder gelassener an ihr Problem herangehen. Monika weiß natürlich immer noch nicht so genau, was in Verena wirklich vorgeht, die Chancen, dass sie es erfährt und wieder echten Kontakt zu ihrer Tochter findet, sind allerdings sehr viel größer.

Wenn Kinder sich emotional schlecht fühlen, verhindern oft alle gängigen Hilfsmaßnahmen den echten Kontakt zu ihnen.

Manchmal kann es auch sehr hilfreich sein, wenn Eltern, anstatt ihren Kindern gegenüber immer nur darzustellen, wie schwer sie selbst es im Vergleich doch hatten und wie fleißig sie sein mussten, auch einmal von eigenen Schwächen und Schwierigkeiten erzählen. Sie werden dadurch für die Kinder greifbar und gleichzeitig zum Vorbild dafür, dass es sich lohnt, Probleme zu überwinden.

Erinnern wir uns an unsere bereits bekannten Richtlinien: **Einfühlung in das altersentsprechende Weltbild.** *Wenn Monika und Horst ihr Gedächtnis ein wenig bemühen würden und ehrlich mit sich umgingen, wäre ihnen klar, dass die Pubertät als Übergangsphase zwischen Kindheit und Erwachsenendasein alles andere als eine einfache Zeit ist. Zweifel, Ängste, Unzulänglichkeitsgefühle und Größenwahn gehören zu diesem Alter. Um zu sich selbst zu finden, muss der Jugendliche die Erwartungen der Welt prüfen, in Frage stellen und boykottieren. Je mehr Widerstand und Unverständnis ihm dabei entgegengesetzt werden, umso mehr muss er sich in einer «Anti-Haltung» fixieren. Auch die von Eltern so häufig beklagte Selbstherrlichkeit, die Selbstüberschätzung und der Größenwahn sind in dieser Lebensphase normal. Nur in der Pubertät sind Narzissmus und das ständige Kreisen um die eigene Person nicht pathologisch. Mit diesem Wissen brauchen Eltern nicht besorgt gegen vermeintlich fatale Charakterschwächen anzukämpfen. Stattdessen müssen Monika und Horst mit ihren eigenen Erwartungen und Versäumnissen ins Gericht gehen und sich klarmachen, dass Verena ein ganz eigener Mensch mit einem ganz eigenen Leben ist und nicht dazu* *da ist, das Leben der Eltern zu ergänzen oder zu ersetzen* **(Reflektieren der eigenen Beweggründe)**. *Der nächste Schritt wäre, zu überlegen, welche Schlüsse das Kind aus den Interventionen der Eltern ziehen soll:* **Entwurf einer erzieherischen Perspektive**. *Monika und Horst wären sicher entsetzt, wenn sie wüssten, wie ihre Erziehungsversuche von Verena interpretiert worden sind, das Letzte, das sie gewollt hätten, wäre sie zu schwächen. Genau das ist aber durch ihre Maßnahmen geschehen.* Die Frage lautet also immer wieder: **Was kann ich tun oder sagen, um mein Kind zu stärken** und einen lebenstüchtigen Menschen aus ihm zu machen? Grundsätzlich gilt:

Selber machen macht stark!

Alles, was ein Kind selbst machen kann, jede Lösung, die es für sich findet, stärkt sein Selbstvertrauen, sein Selbstwertgefühl und sein Selbstbewusstsein. Dies verlangt von den Eltern ein Herantasten an die Möglichkeiten des Kindes, um die Balance zwischen Über- und Unterforderung zu finden, und vor allem einen **Vorschuss an Vertrauen in die Fähigkeiten des Kindes**. Besonders Vätern wie Horst fällt es manchmal schwer, **die Persönlichkeit des Kindes** auch dann zu **respektieren**, wenn sie nicht den eigenen Vorstellungen entspricht, und darauf zu achten, keinen demütigenden Ton anzuschlagen oder herabsetzende Äußerungen zu machen.

Sobald Eltern gelernt haben, aktiv zuzuhören, stellen sie immer wieder überrascht fest, um wie viel leichter und angenehmer sich das familiäre Zusammenleben plötzlich gestaltet:

- Viele Eltern berichten, wie erleichternd es ist, auch einmal ratlos sein zu dürfen, nicht auf alles eine Antwort zu wissen, nicht für jedes Problem zuständig zu sein. Die wahnhafte Idee, für jedes Glück oder Versagen der eigenen Kinder verantwortlich zu sein, alles können und machen zu müssen, verblasst nach und nach.
- Die Gefühle füreinander und damit die Verbundenheit in der Familie werden gestärkt, wenn man bemerkt, dass jeder willens und in der Lage ist, zur Problemlösung beizutragen. Gleichzeitig erlebt sich jedes Familienmitglied mit seinen Vorschlägen und Ideen als gleichwertig, ohne dass sich ein «Ich-weiß-das-besser»- oder «Ich-weiß-schon-was-für-dich-gut-ist»-Gefälle aufbaut.
- Eigenständigkeit und Verantwortungsbewusstsein der Kinder werden gefördert. Ein Kind, das erlebt, wie man ihm zutraut, selbst Lösungen für seine Probleme zu finden, wird zum selbständigen Denken und Handeln angeregt und bereit sein, für die Umsetzung seiner Ideen die Verantwortung zu übernehmen.
- Währenddessen entwickeln die Eltern mehr Gefühl für

die eigenständige Persönlichkeit ihres Kindes. Ihr Vertrauen wächst, wenn sie erleben, wie direkt und kreativ es sein Problem anpackt und wie sehr sich seine gute Lösung von den eigenen Vorstellungen unterscheiden kann. Dies ist für viele Eltern eine Quelle für Stolz und Freude. Es kann sehr befriedigend sein zu erleben, wie das eigene Kind lebenstüchtig wird und man dadurch ein gutes Gefühl in die eigenen erzieherischen Fähigkeiten vermittelt bekommt.

- Kinder, die erleben, dass man ihnen interessiert zuhört, lernen ihrerseits zuzuhören und auch andere Standpunkte zuzulassen und zu prüfen. Der gegenseitige Respekt und die Möglichkeit, Einigungen, Kompromisse oder Allianzen zu finden, wächst.
- Kinder lernen Grenzen und Einschränkungen zu akzeptieren. Das Lamentieren vieler Kinder über ein Verbot oder die Ablehnung eines Wunsches scheint oft mehr darauf abzuzielen, sich verstanden zu fühlen, als auf die Wunscherfüllung selbst. In dem Moment, wo ein Kind eine Zurückweisung hinnehmen muss, fühlt es sich immer auch in seiner Person zurückgesetzt oder schlecht behandelt. Es versucht, diesen «Schaden» in seinem Selbstbewusstsein dadurch zu «reparieren», dass es zu klagen beginnt oder einen (immer wieder zu beobachtenden) Machtkampf anzettelt. Oft geht es dabei schon gar nicht mehr um die Sache (und viele Kinder reagieren dementsprechend auch keineswegs glücklich, wenn die Mutter zähneknirschend nachgibt), sondern es geht darum, sich verstanden zu fühlen. Das

Jammern kann mit Sätzen wie «*Du bist jetzt enttäuscht;
du fühlst dich ungerecht behandelt; du bist unglücklich,
weil . . .; manchmal ist es schwer zu verkraften, wenn . . .*»
erstaunlich abgekürzt werden. Das Kind bekommt vermittelt, dass man seine Gefühle nachvollziehen kann
und dass manche Einschränkung trotzdem unabwend-
bar bleibt. Wie wir oben schon gehört haben, vermitteln Grenzen auch Sicherheit und ein Gefühl für die
Realität, so dass sich Kinder, sobald sie sich ernst genommen fühlen, erstaunlich schnell fügen.

• Kinder begreifen, dass Trauer, Wut, Angst, Enttäuschung, Ärger oder auch nur einen schlechten Tag zu
haben, zum Leben gehören, dass Gefühle kommen und
wieder vergehen, dass man mit ihnen umgehen und sie
verarbeiten kann und man sich auch irgendwann wieder wohl fühlen wird.

• Die wichtigste Lektion ist aber vielleicht, dass Kinder
lernen, dass man Probleme oder negative Gefühle haben, sie mitteilen und darüber reden kann, ohne dass
die Liebe und der Respekt zueinander beeinträchtigt
werden, dass im Gegenteil menschliches Mitgefühl dabei hilft, sich von Problemen zu lösen.

Konflikte

Wenn Eltern früh genug anfangen, sich mit dem aktiven Zuhören vertraut zu machen und die dabei erzielten Resultate das Vertrauen und den Respekt der einzelnen Familienmitglieder füreinander gestärkt haben, wird es auch leichter, unvermeidlich auftretende Konflikte zu bewältigen. Die meisten Kinder fangen früher oder später an, sich elterlichen Erwartungen oder Forderungen zu widersetzen. Sie beginnen, ihre eigenen Vorstellungen von der Gestaltung ihrer Leistungen, ihrer Kleidung und Behausung, ihrer Freizeit und ihrer Ess- und Schlafgewohnheiten zu entwickeln. Dabei kollidieren diese Vorstellungen zunächst hauptsächlich mit den Interessen ihrer Eltern, später nicht selten auch mit deren Wertvorstellungen. Dies bedeutet oft, dass Eltern weder aktives Zuhören anwenden können, da sie selbst ein Problem mit dem Verhalten ihres Sprösslings haben, noch können sie ihn durch bestimmtes Auftreten dazu bewegen, ihren Anweisungen zu folgen.

Bei jüngeren Kindern drehen sich diese Interessenkollisionen meistens um Themen wie Ernährung, Einhaltung von Ruhe- oder Schlafenszeiten und Spiel- oder Fernsehverhalten.

Sven liebt Fastfood und Süßigkeiten. Einen Teil seines Taschengeldes setzt er regelmäßig auf dem Heimweg von der Schule, der ihn an einem Fastfood-Restaurant vorbeiführt, für Pommes frites, Hamburger und Cola um. Wenn er dann zu Hause eintrifft, hat er meistens kaum noch Hunger und stochert lustlos in Gemüse und Salat herum, die er sowieso nicht besonders mag. Marga, seiner Mutter, ist dieses Verhalten ein Dorn im Auge. Sie legt Wert auf eine gesunde Ernährung mit viel Obst, Gemüse, Salaten und wenig Fleisch. Doch all ihre Überredungsversuche fruchten nicht. Auch ihre Vorwürfe («Du wirst noch ganz schwach und schlapp werden») oder Strafmaßnahmen («Du bleibst jetzt so lange sitzen, bis du wenigstens fünf Löffel Gemüse gegessen hast», «Du bekommst drei Tage keine Süßigkeiten») bringen keinen Erfolg, weil sich Sven erstens stur stellt und sie zweitens selbst Probleme hat, ihre Maßnahmen konsequent durchzuhalten. So gibt sie sich meistens resigniert und mit schlechtem Gewissen geschlagen.

Bei den meisten Versuchen, einen Konflikt innerhalb der Familie zu lösen, gibt es schließlich Gewinner und Verlierer. Entweder setzen die Eltern ihren Willen durch, wozu sie mit zunehmendem Alter der Kinder immer mehr Gewalt und Strafmaßnahmen einsetzen müssen, oder sie geben dem Willen der Kinder nach und fühlen sich frustriert. Beide Methoden haben langfristig sehr negative Folgen für die familiären Beziehungen. Sind die Eltern die Gewinner, werden sie sich zwar auf Autorität, Ordnung und Disziplin berufen, aber den Kontakt zu dem Wesen ihrer Kinder verlieren. Setzen sich die Kinder durch, stauen die Eltern einen zunehmenden Groll an und sind obendrein über kurz oder lang mit Kindern konfrontiert, die weder Rücksichtnahme noch Einfühlungsvermögen kennen. Es geht also darum, eine Methode der Konfliktlösung zu finden, die zumindest überwiegend keine Verlierer hinterlässt. Die oberste Voraussetzung dafür ist wiederum die Bereitschaft, jedes einzelne Familienmitglied mit seinen Bedürfnissen ernst zu nehmen. Die Konfliktpartner müssen also erst einmal prüfen, um was es ihnen selbst geht, und zunächst darauf verzichten, das Verhalten des anderen auszulegen.

Marga: «Mir ist wichtig, dass ich meine Erkenntnisse in gesunder Ernährung meiner Familie nahe bringen kann. Ich glaube, dass ich als Mutter für die Gesundheit meiner Kinder mitverantwortlich bin.»

Sven: «Ich mag einfach kein gekochtes Gemüse und die ewigen Salate sind langweilig. Außerdem habe ich auf dem Heimweg immer schon so großen Hunger, dass ich an den knusprigen Pommes einfach nicht vorbeikomme.»

Marga und Sven stecken also zunächst ihre Interessen ab. Marga unterstellt Sven nicht, dass er sie womöglich nur ärgern möchte mit seiner Verweigerung, und Sven verzichtet darauf, seine Mutter als «Öko» zu bezichtigen, was den Disput sofort auf eine unsachliche und verletzende Ebene stellen würde.

Gegenseitigen Respekt vorausgesetzt, könnten die beiden beginnen, sich ihre Anliegen mitzuteilen. Dazu sind «Ich-Botschaften» und keine «Du-Botschaften» angebracht:

Marga: «Weißt du, ich gebe mir viel Mühe mit unserer Ernährung und ich habe einfach Angst, dass du nicht genügend

Nährstoffe zu dir nimmst, was sich ja erst viel später rächen würde.»

Sven: «Ich mag einfach Hamburger viel lieber!»

Marga: «Was könnten wir also tun, damit wir uns beiden gerecht werden?»

Sven: «Wäre es vielleicht in Ordnung, wenn ich nur noch zweimal in der Woche unterwegs etwas esse?»

Marga: «Ich könnte dir den Vorschlag machen, dass wir gemeinsam aufschreiben, welche gesunde Nahrung für dich akzeptabel wäre, schließlich muss es ja nicht gekochtes Gemüse sein.»

Sven: «Also gut, dann suche ich mir etwas aus und wir besprechen vorher, was es zu essen gibt und wann ich mir etwas kaufen kann.»

Entscheidend bei dieser Art mit einem Konflikt umzugehen ist, dass niemand versucht, den anderen seinem eigenen Willen zu unterwerfen, sondern akzeptiert, dass der andere unterschiedliche Interessen und Vorstellungen hat und man einen Kompromiss aushandelt, mit dem sich beide zufrieden geben können. Die Schwierigkeit dabei ist, dass wir uns sehr schwer tun, die unterschiedlichen Interessen nicht zu bewerten. **Wir sind gewohnt, unterschiedliche Meinungen sofort zu beurteilen und in gut oder schlecht, richtig oder falsch, besser oder schlechter einzuteilen. Diese Urteile stehen aber einer Konfliktlösung ohne Verlierer von vornherein im Weg.**

Objektiv betrachtet ist Svens Interesse sicher unvernünftiger, «schlechter» als das von Marga. Marga weiß das, und vielleicht auch Sven in diesem Fall. Würde Marga allerdings auf ihrem «Recht» bestehen, würden sich die Fronten verhärten und der Konflikt verschärft sich. Sven würde sich durch die Kritik an seinen Interessen als in seiner **Person** kritisiert empfinden und sich vor allem dagegen wehren, mehr noch als gegen die eigentlichen Argumente. Er beginnt also, um die Achtung seiner Person zu kämpfen und weniger um die Durchsetzung seiner Interessen, dies bleibt trotzdem der «Kriegsschauplatz». Der «Kampf» verändert seinen Inhalt, ohne dass dies beiden Beteiligten bewusst wird.

Kindern, die sich gegen «vernünftige» Argumente wehren und verschließen, geht es häufig in erster Linie um die Achtung ihrer Persönlichkeit.

Natürlich erleben Kinder überdurchschnittlich häufig, dass Erwachsene «Recht» behalten, sie müssen ihre Erfahrungen ja erst machen. Bestehen Eltern aber ständig auf ihrer Meinung oder krönen diese noch mit einem *«Ich hab's dir ja gleich gesagt»* oder *«Ich hab's ja gewusst»*, wirkt sich dies katastrophal auf das Selbstbild des Kindes aus. Auch hier haben Eltern eine Erziehungsaufgabe, die sich sehr positiv auf das Familienleben auswirken kann. Sie müssen ihre Kinder an eigene Erfahrungen heranführen, indem sie sie in ihrer Person und ihren Interessen ernst nehmen. Dies erlaubt den Kindern auch, die Interessen und Argumente der Eltern genauer anzusehen und gelten zu lassen. Eltern erleben auf diese Weise oft sehr erstaunt, wie bereitwillig und einfallsreich Kinder Lösungsvorschläge machen, so dass es leicht wird, sich zu einigen.

Halten wir fest, was zu einer konstruktiven Konfliktlösung beiträgt :

- Die beteiligten Partner betrachten jede geäußerte Meinung als gleichwertig.
- Besonders Eltern müssen sich über die Gefühle klar werden, die das Verhalten ihres Kindes in ihnen auslöst (Ärger, Wut, Enttäuschung, meistens aber Angst und Sorge!).
- Diese müssen sie in «Ich-Botschaften» ihren Kindern mitteilen:
  «Ich habe Angst, dass du zu wenig Nährstoffe zu dir nimmst», «Ich werde wütend, wenn ich vor lauter Krach meine Freundin am Telefon nicht verstehen kann», «Ich mache mir Sorgen, wenn du nicht pünktlich nach Hause kommst», «Ich habe keine Lust, dein Zimmer aufzuräumen, habe aber Angst, dass sich Staubmilben einnisten, wenn nicht gelegentlich gründlich sauber gemacht wird».
- «Du-Botschaften» beinhalten fast immer eine Herabsetzung der anderen Person:
  «Du ernährst dich völlig einseitig und wirst es noch büßen», «Musst du immer so laut sein, wenn ich telefoniere?», «Kannst du nicht einmal pünktlich sein?», «In deinem Zim-

mer herrscht die größte Schlamperei, die mir je begegnet ist».

- Wenn die unterschiedlichen Bedürfnisse deutlich geworden sind, tun sich auch Lösungen auf.
- Jeder hat das Recht, Vorschläge zu machen, egal wie realisierbar sie zunächst erscheinen. Gewöhnlich sind kleine Kinder mehr auf Anregungen durch die Eltern angewiesen als Jugendliche, trotzdem sollten sie zunehmend ermutigt werden, ihre Beiträge zu leisten.
- Lassen Sie keinen Zweifel daran, dass jeder das Recht hat, dass seine Interessen zumindest berücksichtigt werden, egal wie letztendlich eine Lösung aussehen wird.

Versuchen Sie unbedingt, herabsetzende oder demütigende Äußerungen Ihren Kindern gegenüber zu vermeiden. Sie verdienen, auch wenn sie kleiner und unerfahrener sind, genauso viel Respekt wie jedes andere Gegenüber. Verzichten Sie auf vorweggenommene Urteile und «Schubladen-Denken».

Für viele Eltern ist es sehr ungewohnt, bei Konflikten mit ihren Kindern zu verhandeln. Eltern handeln üblicherweise genauso, wie sie es selbst an sich erfahren haben, besonders wenn sie innerlich unter Druck geraten.

Eltern, die zu streng sind oder zu nachgiebig, die strafen oder gar schlagen, wissen oft einfach nicht, wie sie sich anders verhalten könnten, um aus Anspannung oder Konflikten herauszukommen. Ihnen fehlt das Modell und die Übung, um einen konstruktiveren Weg einzuschlagen. Dies ist besonders tragisch, weil diese Eltern schließlich vor schwierigen Familiensituationen und enttäuschten Gefühlen stehen, obwohl sie ursprünglich die besten Absichten hatten.

Es lohnt sich, wenn man das Zusammenleben mit Kindern nachhaltig verbessern und erleichtern will, sich die Zeit zu nehmen, um das eigene Verhalten zu hinterfragen und zu korrigieren. Hilfreich dabei ist, sich versuchsweise in die Position des Kindes zu versetzen und zu prüfen, wie es sich anfühlt, so angesprochen oder behandelt zu werden. Der Erwachsene hat die Pflicht, den ersten Schritt in die richtige Richtung zu tun.

Matthias war einst ein hübscher Junge und der ganze Stolz seiner Eltern. Mittlerweile ist Matthias 16 Jahre alt, und von seinem erfreulichen Erscheinungsbild ist, seinen Eltern nach, nicht viel übrig geblieben. Sein ehemals blondes Haar trägt er in wechselnden Neonfarben, mal bürstenkurz, mal pferdeschwanzlang, was aber nicht unbedingt auffällt, da er seit

Wochen seine Wollmütze nicht mehr abnimmt. Sein langer schlaksiger Körper verschwindet in überweiten Hosen, deren Schritt in Kniehöhe hängt, an den Füßen trägt er Klumpschuhe Größe 45 und selbst sein Sweatshirt hat Zeltausmaße. Zusätzlich zu zwei Ohrringen hat Matthias sich einen Augenbrauen- und einen Nasenring piercen lassen, was ihm nach einem heftigen Streit die dauerhafte Verachtung seines Vaters eingebracht hat.

Seit seiner eigenmächtigen Veränderung ist die Familienkommunikation erheblich gestört. Barbara, die Mutter, betrachtet gelegentlich wehmütig Fotos aus «besseren» Tagen und vermeidet es, sich mit Matthias irgendwo sehen zu lassen. Ansonsten hat sie sich mit der Situation abgefunden, wenn sie auch den Zeiten nachtrauert, als sie mit ihrem hübschen Sohn angeben konnte. Der Vater Heiner dagegen ist wirklich verstört. Er sah in Matthias immer einen Ableger von sich selbst, den er zu einem sportlichen, trainierten, erfolgreichen, aufstrebenden jungen Mann erziehen wollte. Seine seltsame Verwandlung kann er absolut nicht nachvollziehen und er weiß nicht mehr, wer sein Sohn eigentlich ist. Mittlerweile ist er froh, dass sich Matthias seit einiger Zeit weigert, ihn zum Fußballplatz und zu Firmenveranstaltungen zu begleiten, er schämt sich vor seinen Freunden und Kollegen ob seines trägen, schlurfenden Sohnes. Manchmal grübelt Heiner, wie es zu dieser Entwicklung kommen konnte und ob es irgendwelche Sonderlinge in der Familie gab, manchmal platzt ihm der Kragen und er versucht mit Zorn und Drohungen Matthias zur Vernunft zu bringen, was dieser damit quittiert, dass er tage-(und auch schon wochen-)lang seinem Vater aus dem Weg geht, bis Barbara ver-

sucht zu vermitteln. Insgesamt ist das Familienleben freudlos geworden: Matthias geht seiner Wege, Heiner fühlt sich persönlich getroffen und enttäuscht, was ihn auch von Barbara entzweit, der er insgeheim Vorwürfe macht, den Sohn nicht streng genug erzogen zu haben, und Barbara steckt immer mehr Anstrengung in einen perfekten Haushalt, von dem niemand Notiz nimmt.

In dieser spannungsgeladenen Situation geht es nicht mehr um unterschiedliche Interessen, über die man verhandeln könnte. Hier treffen unterschiedliche Lebens- und Wertvorstellungen aufeinander und schaffen Konflikte, die nicht so ohne weiteres zu lösen sind. Eltern, die erleben, wie ihre Kinder vorübergehend oder dauerhaft völlig andere Vorlieben in Bezug auf ihr Erscheinungs- bild, ihre Werte, die Wahl ihrer Freunde, ihre Lebensstile oder -ziele oder ihre moralischen, religiösen oder politi- schen Überzeugungen entwickeln, reagieren oft sehr ver- unsichert und enttäuscht. Die meisten Eltern wünschen sich mehr oder weniger bewusst, dass sich ihre Kinder ih- ren Vorstellungen gemäß entwickeln, sie haben ein «Bild» davon im Kopf, wie das Kind sein oder werden sollte. Nicht selten ziehen sie dabei Vergleiche zu ihrer Jugend. Die Kinder sollen es «besser» haben, sollen nicht die Probleme haben, die die Eltern hatten, beziehungs- weise das leben können, was den Eltern verwehrt war oder versäumt erscheint. Der Moment, in dem Kinder aus diesem Muster ausbrechen, wird für Eltern leicht zu einer der größten Hürden des Familienlebens. Sie fühlen sich zurückgewiesen, in Frage gestellt, blamiert und unfähig. Ein Stück hoffnungsvoller Zukunft scheint zu zerbrechen, alles Vertraute außer Kontrolle zu geraten.

Wir können die Spannung, die derartige Gefühle in uns auslösen, nur schwer aushalten und versuchen natürlich so schnell wie möglich Abhilfe zu schaffen. Doch selbst wenn man in der Vergangenheit leicht Einigungen oder Kompromisse mit den Kindern finden konnte, beißt man nun plötzlich auf Granit. Die jugendliche Standardantwort: *«Ich weiß gar nicht, warum euch das stört, es braucht euch doch gar nicht zu betreffen!»* zeigt, warum sämtliche Diskussionen um derartige Themen ins Leere laufen: Die Jugendlichen wollen ihre Persönlichkeit und ihre Bedürfnisse zum Ausdruck bringen und können nicht erkennen, was das mit den Bedürfnissen der Eltern konkret zu tun haben soll. Wenn sie nachvollziehen können, dass ihr Verhalten einen Effekt auf ein Bedürfnis ihrer Eltern hat, weil die Eltern zum Beispiel die Dinge aus dem Weg räumen müssen, die liegen gelassen wurden, um nicht darüber zu fallen, können Kinder einsehen, dass das unangenehm für die Eltern ist. Dagegen können sie nicht einsehen, dass zum Beispiel der Vater es als unangenehm empfindet, wenn sie ihre Haare lang tragen, weil es sich auf sein Leben nicht nachvollziehbar auswirkt.

Wie schreibt *Khalil Gibran* in seinem *«Propheten»*:
. . . Ihr dürft ihnen eure Liebe geben, aber nicht eure Gedanken.
Denn sie haben ihre eigenen Gedanken.

Ihr dürft ihren Körpern ein Haus geben, aber nicht ihren Seelen,
Denn ihre Seelen wohnen im Haus von morgen,
das ihr nicht besuchen könnt, nicht einmal in euren Träumen.
Ihr dürft euch bemühen, wie sie zu sein, aber versucht nicht, sie euch ähnlich zu machen . . .

Sobald wir versuchen, die Persönlichkeit unserer Kinder zu kontrollieren, weil wir darüber bestimmen wollen, wie sie sein sollen, was sie tun und mit wem sie sich beschäftigen sollen, belasten wir unsere familiären Beziehungen mit einem ebenso sinn- wie aussichtslosen Kampf, der mit gegenseitigen Verletzungen und Enttäuschungen endet.

Die therapeutische Erfahrung zeigt uns, dass innerfamiliäre Auseinandersetzungen über unterschiedliche Wert- und Lebensvorstellungen größte Verwüstungen in den Familienbeziehungen und auch in jedem Beteiligten selbst hinterlassen. Der verbohrte Wunsch, unbedingt Zustimmung zur eigenen Lebensauffassung zu bekommen und diese auf Biegen und Brechen durchzusetzen, führt oft zu jahre- und manchmal jahrzehntelangen Konflikten, die in Kommunikationseinschränkungen, Feindseligkeiten oder sogar Kontaktabbrüchen ausarten.

Wir können unser Leben enorm erleichtern, wenn wir uns von den Idealbildern in unseren Köpfen, mit denen wir

**unsere Partner, Kinder und uns selbst belegen und
beschweren, verabschieden.**

Je unvoreingenommener und urteilsfreier wir an Menschen und Situationen herangehen, umso geglückter ergeben sich die Beziehungen und die Lösungen.

Wie also kann man mit unterschiedlichen Wertvorstellungen umgehen?

Erinnern wir uns an unsere Leitsätze aus früheren Kapiteln:

- **Einfühlung in das altersentsprechende Weltbild:** Deutliche Kollisionen der Wertvorstellungen tauchen im Allgemeinen mit der Pubertät eines Kindes auf. Man vergisst manchmal, dass Kinder in einem Alter, in dem wir sie als Fast-Erwachsene empfinden, sich in einer schwierigen Übergangsphase befinden. Sie verlassen nicht einen vertrauten Weg, um plötzlich in eine ganz andere Richtung zu gehen, sondern sie werden hin und her gerissen zwischen verschiedenen Ansprüchen und Lebensperspektiven, sie wissen noch nicht, wer sie sein sollen und sein wollen. Sie suchen und verwerfen, ahmen nach und boykottieren, erproben die Bandbreite menschlicher Empfindungen, Nähe und Distanz.

Manchmal provozieren Jugendliche gerade auch dann, wenn sie sich den Eltern besonders nahe fühlen, Meinungsverschiedenheiten und Konflikte, um einen Weg zu finden, sich innerlich abzulösen und sich «startklar» zu machen für den Absprung ins Leben. Wenn Eltern sich dessen bewusst werden und sich an ihre eigene Jugend erinnern, brauchen sie nicht mehr jeden dieser Versuche zu beanstanden oder charakterliche Fehlentwicklungen zu befürchten.

- **Ernstnehmen der jugendlichen Bedürfnisse:** Mit etwas Einfühlungsvermögen müssten sich Barbara und Heiner eingestehen, dass es Matthias vor allem darauf ankommt, sich seinen Freunden anzupassen. Er gibt mit seiner Erscheinung seine Zugehörigkeit zu der von ihm favorisierten Gruppe zu erkennen. Es ist für ihn nicht mehr wichtig, sich der Gruppe seiner Eltern (Freunde, Geschäftspartner) anzupassen, es würde ihn aber ängstigen, sich von seiner Peergroup zu unterscheiden und sich womöglich ausgeschlossen zu fühlen. Er versucht, neue Bindungen und Zugehörigkeiten zu erproben, um seinen Weg zu finden.

- **Erkennen und Reflektieren der eigenen Beweggründe:** Was bewegt Barbara und Heiner, dass sie sich durch die Aufmachung von Matthias so irritieren lassen? Beide sahen in Matthias weniger das eigenständige Wesen als vielmehr einen «genetischen Ableger», den sie gerne nach eigenen Vorstellungen geformt hätten. Dabei wünschen sie sich natürlich, dass Matthias all das in sich vereint, was die Eltern bei sich selbst gut finden oder gerne gehabt hätten, gleichzeitig möchten sie ihn vor eigenen schlechten Erfahrungen bewahren. Um aus dieser Falle zu entkommen, müssen sich auch Barbara und Heiner «abnabeln» und sich mit ihren eigenen Gaben, Möglichkeiten und Versäumnissen auseinander setzen, ohne Matthias dafür stellvertretend in die Pflicht zu nehmen und ihn in ein Gefängnis aus ihren eigenen Träumen und Erwartungen zu sperren.

- **Vorschuss an Vertrauen:** Matthias' Leben gelingt umso besser, je mehr seine Eltern daran glauben können, dass er die Fähigkeiten und das Potential besitzt, es für sich gelingen zu lassen. Leider haben viele Eltern diese Zuversicht nicht, und genau mit dieser zweifelnden Haltung rollen sie ihren Kindern Felsbrocken in den Weg. Ein Kind mit dem «Herzen» zu sehen, bedeutet, sich nicht von Äußerlichkeiten, Verkleidungen, Neben- und Umwegen irritieren zu lassen, sondern unbeirrt auf seine Kraft zu vertrauen.

- **Respektierung der Persönlichkeit:** Gerade in der Pubertät sind Eltern geneigt, mehr noch als in früheren Jahren, ihren Ängsten, Zweifeln und Aggressionen in demütigenden Bemerkungen Ausdruck zu geben. Auch wenn ein Kind sich zeitweise zum «Haareraufen» verhält, ist dies kein Grund, es in seiner Person zu demütigen mit Aussagen wie: *«Du bist . . . faul, träge, schlampig, zu blöd, dumm, phlegmatisch, ein Trampel!»* oder *«Der gnädige Herr ist sich wohl zu fein, um zu . . .».* Zynische, herabsetzende oder stichelnde Äußerungen verändern nichts, belasten aber die familiäre Atmosphäre nachhaltig.

- **Aufbau von Verantwortungsbereitschaft:** Heiner könnte zu seinem Sohn zum Beispiel Folgendes sagen: «*Matthias, du magst dich in dieser Kleidung ja wohl fühlen, aber denke vielleicht daran, dass du bei deinem Bewerbungsgespräch auf jemanden treffen könntest, der Jugendlichen gegenüber Vorurteile hat und diese in deiner Aufmachung bestätigt finden könnte. Möglicherweise hast du dadurch Nachteile, obwohl du gut qualifiziert wärst. Überlege dir, ob du dich für diese Gelegenheit nicht etwas konventioneller kleiden möchtest.*»

Gegen unterschiedliche Wertvorstellungen anzukämpfen ist so sinnlos wie der Kampf gegen Windmühlen. Anstatt Kinder mit Vorwürfen, Belehrungen, Moralisierung und Enttäuschung zu vergraulen, sollten wir lockerlassen und versuchen, sie mit Interesse an ihrer Person und ihrem Weg, mit Vertrauen und der Zuversicht, dass unsere Kinder selbst das Potential besitzen in ihr Leben zu finden, zu begleiten. Wir brauchen ein bisschen Mut, um loszulassen und auszuhalten, dass der Weg vorübergehend oder dauerhaft anders aussieht, als wir ihn uns vorgestellt haben, und dass er nicht immer eindeutig und geradlinig ist, sondern manchmal von Rückschlägen, Umwegen, Schmerz oder Misserfolgen beeinträchtigt wird. So ist unser aller Leben und wir müssen lernen, Spannungen, die von unterschiedlichen Vorstellungen ausgehen, auszuhalten, ohne in pragmatischen Aktionismus zu verfallen und für alles sofort eine Antwort oder Lösung parat zu haben. Natürlich werden wir erleben, dass unser Kind

Fehlentscheidungen trifft, egal wie produktiv wir im Vorfeld versucht haben, dies zu verhindern.

Erfahrung ist nicht vermittelbar.

Kinder können freiwillig Schlüsse und Lehren aus unseren Erfahrungen ziehen, doch erzwingen lässt sich dies nicht. Wenn sie es zulassen, können wir ihnen anschließend helfen, den Misserfolg zu verstehen, die Konsequenzen aber sollten wir ihnen nicht abnehmen. Den Anruf beim gekränkten Freund, das Gespräch mit dem verärgerten Lehrer, das Wiederholen der missglückten Aufgabe, aber auch den Schmerz, dem falschen Menschen vertraut zu haben, den Verzicht auf etwas anderes nach der Fehlinvestition des Taschengeldes, das Suchen aus Mangel an Ordnung, all das müssen sie selbst durchstehen als natürliche Konsequenz des eigenen Handelns. Nur so können Kinder am Leben lernen und ihr Verhalten modifizieren, um unangenehme Folgen zu vermeiden.

Die Beobachtung zeigt, dass Kinder am ehesten Wege einschlagen, die ihren Eltern gefallen, wenn sie in ihren Eltern ehrliche und authentische Vorbilder haben, die ihrerseits ihre Wege immer wieder einmal hinterfragen und bereit sind hinzuzulernen, anstatt unantastbare Allwissenheit zur Schau zu stellen. Sobald Eltern ihre ängstliche Kontrolle und Ratschläge aufgeben können, erleben sie, dass Jugendliche ihren Rat suchen und befriedigende Gespräche und Beziehungen möglich werden, so dass das Zusammenleben für alle erfreulich wird.

Es ist für Eltern ein großes Kompliment, wenn sie zu Beratern ihrer Kinder werden dürfen. Um diesen Status zu erreichen, sind vielleicht einige Regeln der professionellen Berater nützlich:

- Achten Sie auf den richtigen Zeitpunkt. Solange jemand aufgeregt, aufgebracht oder verzweifelt ist, braucht er keinen Kommentar! Wenn Sie das Gefühl haben, die Zeit sei reif, halten Sie sich einfach in der Nähe Ihres Kindes zur Verfügung oder strahlen Sie Zeit und Ruhe aus, so dass das Kind von selbst zu Ihnen kommen kann.
- Erteilen Sie niemals ungefragt Ratschläge! Fragen Sie Ihr Kind, ob es an Ihrer Meinung interessiert ist.
- Bieten Sie Ihre Erfahrung und Ihre Meinung nur an. Überlassen Sie Ihrem Kind, sie anzunehmen oder zurückzuweisen. Regen Sie an, anstatt zu fordern, drängen Sie Ihre Vorstellungen nicht auf und machen Sie keine Vorwürfe.
- Geben Sie Ihrem Kind die Freiheit, aus Ihrem Wissen zu machen, was es für richtig hält, und eigene Entscheidungen zu treffen.
- Versuchen Sie nicht zu urteilen, sondern stellen Sie gegenüber, erwägen Sie, eröffnen Sie andere Blickwinkel.

Ein Urteil sollten Sie nur abgeben, wenn Sie explizit danach gefragt werden.

- Gestehen Sie Zweifel an Ihrer Meinung zu. Dies ist eine gute Diskussionsbasis.

Kinder brauchen Charakter: Soziale Fähigkeiten und emotionale Intelligenz

Alle Überlegungen und Verhaltensmöglichkeiten, die wir in Erwägung ziehen und unseren Kindern aufzeigen, dienen dazu, den Heranwachsenden mit sozialen und emotionalen Fähigkeiten auszustatten, so dass er später seinen Platz in der Gemeinschaft finden und einnehmen kann.

Die Familie ist und bleibt der erste und wichtigste Ort, wo Menschlichkeit und Friedfertigkeit erlernt werden.

Wir Eltern stehen unter Beobachtung, das, was wir **tun** zählt, nicht das, was wir sagen! Die Botschaft: «*Mach, was ich sage, aber nicht, was ich tue!*» vereitelt jeden Erziehungsversuch. Wir Eltern werden, wenn wir alt sind, genau das ernten, was wir gesät haben. Wenn wir uns also wünschen, dass aus unseren Kindern friedfertige, mitfühlende, hilfsbereite und beziehungsfähige Erwachsene werden, müssen wir unseren Beitrag dazu leisten. Mit sozialen Fähigkeiten und emotionaler Intelligenz wird in etwa umschrieben, was man früher unter anderem als Charakterbildung oder Charakterstärke bezeichnete. Die wichtigste Erkenntnis ist, dass diese Fähigkeiten zum großen Teil erlernt werden können, je früher, desto besser, und dass sie für das Gelingen des Lebens, für die Empfindung von Glück und Zufriedenheit ausschlaggebend sind.

Wir sind heute eher gewohnt, an unserem Erfolg, unserem Wohlstand, vielleicht noch an unserem Körper zu arbeiten, als an unserem Charakter. Folglich werden wir bequem, verführbar, bestechlich, «Mephisto» hätte seine Freude daran, wie bereitwillig wir unsere Seelen verkaufen würden. Vor lauter Strebsamkeit nach materiellen Dingen sind wir dabei zu vergessen, dass eine unserer Lebensaufgaben darin bestehen könnte, nach persönlicher Reife zu streben. In vielen Familien kann man beobachten, dass Eltern, anstatt ihre Kinder zu reiferem Verhalten anzuleiten, selbst völlig unreif reagieren. Bei Streitigkeiten zwischen Eltern und Jugendlichen fällt es manchmal schwer zu entscheiden, wer sich «kindischer» verhält. Die Eltern stehen ihren Kindern in nichts nach, was cholerische Ausbrüche, Unbeherrschtheit, Drohungen, Anschuldigungen oder selbstmitleidiges Beleidigtsein betrifft. Wie wir alle wissen, kommt dabei nichts heraus. Nur, was macht Reife aus?

Beteiligen Sie sich an einer Gedankensammlung zum Thema «Reife ist . . .», zum Beispiel:

Reife bedeutet, Ruhe zu bewahren, nicht einfach loszupoltern, sondern erst zu überlegen, was man sagt.

Reife heißt, einen Weg gefunden zu haben, auch ungute Gefühle erst einmal überdenken zu können.

Reife heißt, Selbstbeherrschung zu üben.

Reife bedeutet, Werte, Tugenden, Ideale und Prinzipien zu haben und dafür einzustehen.

Reife bedeutet, Hoffnung zu bewahren und an das Gute zu glauben.

Reife heißt, auch Fehler und Schwächen einzugestehen und sich um Verbesserung zu bemühen.

Reife bedeutet, zuverlässig, vertrauenswürdig und gewissenhaft zu sein.

Reife bedeutet die Bereitschaft, auf sofortige Lustbefriedigung oder unmittelbare Annehmlichkeiten zu verzichten, um einen langfristigen Gewinn nicht zu gefährden.

Reife heißt, fähig zu sein, Liebe zu schenken und die Zufriedenheit und Sicherheit eines anderen genauso wichtig zu nehmen wie die eigene, ohne nach einer Gegenleistung zu fragen.

Um Reife zu gewinnen, müssen wir uns und unseren Kindern die Chance geben, die entsprechend notwendigen charakterlichen Eigenschaften zu entwickeln und zu pflegen. Dies ist nicht so selbstverständlich und so einfach, wie es auf den ersten Blick erscheint. Theoretisch würden wir uns alle natürlich sämtliche Werte zugute schreiben, nur mit der praktischen Umsetzung hapert es oft. *Oder wann haben Sie sich zum letzten Mal für ein soziales Ziel engagiert, sich einer Aufgabe verpflichtet gefühlt, einer alten Dame den Platz geräumt, für in Not Geratene gespendet, einen Streit geschlichtet, auf ein Vergnügen verzichtet, um jemandem beizustehen, einen Kranken- oder Altenbesuch gemacht, ihre Dankbarkeit zum Ausdruck gebracht, sich in Bescheidenheit geübt oder einen bewussten Verzicht geleistet?*

Vielleicht bewegt uns die Pubertät unserer Kinder auch deswegen so, weil wir plötzlich bei ihnen das wahrnehmen, was uns nie aufgehört hat zu beschäftigen: das Hin- und Hergeworfensein zwischen den unterschiedlichsten Gefühlen, Ambitionen und Handlungsimpulsen. Die Pubertät ist die Zeit, in der persönliche Ambivalenzen zum ersten Mal ins Auge fallen. Unser Selbst «zerfällt» in die unterschiedlichsten Persönlichkeitsanteile, wir sind stark und schwach, lieben und hassen, sind zielstrebig und faul, bauen auf und zerstören, halten uns für die Größten und Nichtigsten, sind liebevoll und feindselig, glauben und zweifeln. Jugendliche können die Spannungen, die aus innerer Ambivalenz resultieren, noch schwer aushalten und wechseln ihre «Farbe» entsprechend mit. Der Volksmund beschreibt diesen Zustand mit «himmelhoch jauchzend, zu Tode betrübt» oder «nicht Fisch und nicht Fleisch». Erwachsen zu werden oder besser, **Charakter zu bilden**, bedeutet, allmählich zu lernen, die Spannung ambivalenter Gefühle auszuhalten und zwischen den verschiedenen Facetten der eigenen Persönlichkeit nach und nach Prioritäten zu setzen, um schließlich eine Richtung verfolgen zu können. Heißt die Ambivalenz zum Beispiel *frei sein* versus *eine Bindung eingehen*, so wird man, sofern man den Wunsch hat, in einer Partnerschaft zu leben, die Freiheitsimpulse so lenken müssen, dass sie eine Beziehung nicht gefährden. **Charakterstärke bedeutet also vor allen Dingen, die «zwei Seelen in der eigenen Brust» nicht nur zu erkennen, sondern auch per Willen zu regulieren, um dadurch die eigene Entwicklung in eine bestimmte, gewünschte Richtung zu führen.**

Früheren Generationen wurden diese Richtungen durch Gesellschaft, Kirche und Familie vorgegeben. Wie schädlich sich das teilweise auch immer ausgewirkt haben mag, der Mensch wusste zumindest sehr genau, was er für gut oder böse, richtig oder falsch zu halten hatte. Heute haben die sieben Todsünden (Wollust, Eitelkeit, Maßlosigkeit, Gier, Faulheit, Neid, Zorn) Hochkonjunktur, ganz zu schweigen von Lug und Trug. Einige Menschen zeigen moralisierend mit dem Zeigefinger auf die sorglosen «Sünder» und wollen nicht wahrhaben, dass auch in ihnen selbst «niedere» Impulse wirken, die nur in Charakterfestigkeit transformiert werden können, wenn sie bewusst als eigene mögliche Gefährdung wahrgenommen werden. Herrschsucht, Rachegelüste, Selbstgefälligkeit, Boshaftigkeit und Unbarmherzigkeit lauern, zusammen mit vielen anderen Untiefen und Versuchungen, in jedem Menschen und können mehr oder weniger leicht provoziert werden. Nachdem wir keine großen Meister mehr haben, die uns führen, sind wir gefordert, unsere Werte selbst zu definieren, uns aus eigenem Antrieb daran zu halten und sie unseren Kindern zu vermitteln.

Wir Eltern haben also die besondere Aufgabe, unsere Kinder nicht nur körperlich und seelisch zu nähren, sondern ihnen auch ein geistiges Angebot zu machen, an dem sie sich orientieren können.

Das erste Anschauungsobjekt sind natürlich wieder Sie selbst. Kinder registrieren sehr genau, ob Sie sich am Telefon verleugnen lassen, Notlügen gebrauchen, sich ins Fäustchen lachen, wenn die Kassiererin sich zu Ihren Gunsten verrechnet, Sie sich vor Ihren Steuern drücken, wie Sie zu Hause über Ihre Freunde, Kollegen, Verwandten oder Fremde reden, wie Sie Freundschaften pflegen und ob Sie das Elend eines Einzelnen oder der gesamten Welt ungerührt lässt. Ihre Kinder werden in Ihre Fußstapfen treten. Ihr Vorbild zählt! Sprechen Sie mit Ihren Kindern über Ihre Gedanken und Ihr eigenes Verhalten, gerade auch dann, wenn die Situation einmal nicht ideal war. Erzählen Sie ihnen, wie schwer es auch als Erwachsener oft ist, Versuchungen zu widerstehen und sich zur Aufrichtigkeit durchzuringen, welchen inneren Kampf es manchmal bedeutet, negativen Impulsen nicht einfach freien Lauf zu lassen.

Machen Sie sich bewusst, dass es nicht genügt, Körper und Seele zu pflegen und gesund zu erhalten. Wir brauchen auch geistige «Nahrung», um innerlich nicht zu verarmen, um Sinn und Orientierung zu finden. Diskutieren Sie mit Ihren Kindern über «Gott und die Welt». Erzählen Sie ihnen von den großen Sagen und Mythen, von den Grundlagen der Weltreligionen. Eröffnen Sie ihnen einen Zugang zu Kunst und Literatur, zu Musik und Geschichte. Echtes eigenes Interesse ist dabei hilfreicher als eine große Allgemeinbildung! Es kann sehr viel Spaß machen, mit den heranwachsenden Kindern zu philosophieren, Ausstellungen zu besuchen oder eine Rundfahrt in der eigenen Stadt zu unternehmen. Wenn Sie mit Kindern reisen, wecken Sie immer auch das Interesse für die Kultur des besuchten Landes.

Bei kleinen Kindern sind es zunächst die jahreszeitlichen und religiösen Rituale, die Beobachtung der Natur, die Erklärung der Zusammenhänge, die Neugier wecken und in die geistige Dimension weisen. Später kann man mit Kindern zunehmend auch aktuelle Themen besprechen, sich über Ereignisse im direkten Umfeld, aber auch über Umwelt- und Naturschutz, Gesellschaft und Politik austauschen, ihnen Heldentum genauso wie Korruption, oder medizinische und wissenschaftliche Errungenschaften aufzeigen. Kinder besitzen einen natürlichen Gerechtigkeitssinn, so dass sie auch nach der Verteilung der Güter, nach Armut und Reichtum fragen werden, was dazu dienen kann, ihnen frühzeitig ein soziales Gewissen und Verantwortungsbewusstsein nahe zu bringen.

Es ist die Beschäftigung mit allem, was wir als Kulturgut bezeichnen, das uns ein Gefühl für unsere Wurzeln vermittelt und uns bei unserer Sinnfindung unterstützt. Und – es gibt kaum etwas, was unsere Kinder dringender benötigen als das. Darüber hinaus bekommen unsere Kinder und auch wir selbst ein Gefühl für die Proportionen des eigenen Lebens und der eigenen Probleme: Angesichts großer Kunstwerke, klassischer Literatur oder geschichtlicher Ereignisse erscheinen die eigenen Sorgen nicht mehr ganz so exklusiv!

Kinder brauchen Wurzeln:
Familienbande ohne Fesseln

———— ❊ ————

Hanna, ein junge Frau um die dreißig, erzählte, dass sie sich seit geraumer Zeit immer von dem gleichen Traum verfolgt fühlte:

Zusammen mit anderen befindet sie sich beim Bergwandern. Die Personen der Gruppe sind durch ein Seil miteinander verbunden. Der Anführer ist ihr Mann. Mit einem Mal wird ihr bewusst, dass sie noch ein Kind ist und ihre Gefährten ihre Geschwister, Mutter und Tanten sind. An einem steilen Abhang dreht sich der Anführer um, sie erkennt zu ihrer Überraschung ihren Vater, dessen Gesicht sich plötzlich zu einer Fratze verzerrt, als er versucht, mit einem Schwert das Seil zu kappen. In dem Moment erwacht sie schweißgebadet.

Hanna hat große Probleme in ihrer Ehe, sie kann ihr Misstrauen ihrem Mann gegenüber, von dem sie sich in einer

Krankheitssituation im Stich gelassen fühlte, einfach nicht mehr überwinden. Ihr Mann kann ihre Gefühle nicht verstehen, zumal sich Hannas ganze Familie intensiv um sie kümmerte und ihm eher vermittelte, überflüssig zu sein. Trotz zahlreicher Gespräche und Reuebekundungen scheint in Hanna etwas zerbrochen zu sein, so dass sie sich innerlich immer mehr zurückzieht, gleichzeitig aber größtmögliche Anwesenheit und Anteilnahme von ihrem Mann fordert.

Der Traum lenkt den Blick auf Hannas Kindheit. Sie war die älteste, vom Vater am meisten geliebte und geförderte Tochter. Fassungslos erlebte sie, wie der Vater rücksichtslos die Familie verließ, um mit einer jungen Frau zusammenzuleben, und die einstige Familie für ihn nicht mehr zu existieren schien. Sie war es, die dafür sorgte, dass die Restfamilie künftig so eng wie möglich zusammenhielt und die hilflose Mutter von ihren eigenen Schwestern Unterstützung bekam. Obwohl ihr Vater später Versöhnungsversuche unternahm, konnte sie ihm nie verzeihen. Zwei Dinge nahm sie aus dem Erlebten mit: Erstens kann man einem Mann nicht wirklich trauen, und zweitens kann es nur dann Liebe sein, wenn man nicht enttäuscht wird. Natürlich hat Hanna keinen der beiden Sätze je bewusst gedacht, doch ihr Unterbewusstsein ist davon durchsetzt. Die beiden Sätze sind die «Torwächter», die sie davor schützen sollen, je wieder einen so unendlichen und tief greifenden Schmerz zu fühlen wie beim Weggang ihres Vaters.

Der Traum zeigt die Projektion von Hannas Kindheit in ihre Gegenwart. Die Anführerfigur, von der sie sich gefühlsmäßig abhängig fühlt (Seil), wechselt zwischen Ehemann und Vater und macht Anstalten, das Seil zu kappen. Sie fühlt sich hilflos, einmal als Kind und dann als Kranke, und gerät in Panik. Die Überlebensstrategie ihrer Kindheit hieß Zähne zusammenbeißen und keinesfalls Angst, Trauer und Wut hochkommen lassen, stattdessen aufpassen, dass künftig nichts mehr schief geht. Bereits ein nicht besonders gravierender Anlass genügte, Hannas System zu kippen. Ihr Mann bekommt nun nicht die seinem Verhalten angemessene Reaktion, er bekommt die ganze Wucht ihres Kindheitstraumas ab und weiß natürlich nicht, wie ihm geschieht. Auch Hanna selbst kann nicht verstehen, warum sie so überreagiert und sich so gefangen fühlt. Erst die Arbeit mit dem Traum macht die angestauten Gefühle lebendig und hilft sie zu verarbeiten, damit sie keine weitere Hinderung in Hannas Leben darstellen.

Außer unseren gemeinschaftlich menschlichen und kulturellen Wurzeln, die wir in Kunst, Geschichte und Literatur finden, besitzt jeder von uns ein verworrenes Geflecht individueller Wurzeln, von denen aus wir unser Leben entfalten: unsere Familie mit ihrer persönlichen Geschichte. Wir sind geprägt von Beziehungen, von Traum und Wirklichkeit, von Geschichten und Geheimnissen, in die unsere Angehörigen eingebunden sind und waren. Besonders der Zeitgeist der siebziger Jahre, als vehemente Abgrenzung, familiäre Loslösung und rücksichtslose Individualisierung propagiert wurden, verkannte die Macht und die Tiefe familiärer Bindungen. Heute stehen wir nicht nur vor den Auswirkungen der korsetthaften Einengung und Unterdrückung früherer Generationen, mittlerweile zeichnen sich auch die

Folgen des anderen Extrems ab und wir erkennen, dass es nichts gibt, wodurch wir uns aus dem dichten Netzgewebe der Familie herauslösen können, egal was wir über unsere Familie wissen oder wie viel Kontakt wir unterhalten.

Jedes Einzelschicksal hinterlässt Gefühle, Überzeugungen und Verhaltensweisen, die in den nächsten Generationen nachwirken und in jedem einzelnen Nachkommen Stimmungen, Gedanken und Entscheidungen mit beeinflussen. Besonders die tief greifenden Gefühle wie Liebe, Hass, Schuld, Scham, Reue, Stolz und Schmerz, Verehrung oder Verachtung prägen das typische Familienmuster. Die Art, wie unsere Eltern mit uns umgegangen sind und wie wir mit unseren Kindern umgehen, resultiert aus der unbewussten Wahrnehmung dieser familiären Atmosphäre, dem Platz und dem Verflochtensein innerhalb dieses Gewebes und der persönlichen Verarbeitung des Erlebten.

Dabei entstehen jede Menge Erwartungen, Wünsche, Vorbehalte und unbewusste Verträge, die Eltern an ihre Kinder weitergeben. Besonders auf die unbewussten Voraussetzungen und Missionen reagieren Kinder seismografisch, um dann vielleicht ein Leben lang zu versuchen, hoch gespannte Erwartungen zu erfüllen oder fremde Kämpfe auszufechten. Diese verborgenen Missionen können lauten: sich verpflichtet zu fühlen; Unrecht geheim zu halten oder aufzudecken; die Mutter niemals zu verlassen; sich zu opfern; genau so oder ja nicht wie der Vater zu werden; etwas zu rächen oder zu beweisen; der

Familie keine «Schande» zu machen; keinen «Verrat» zu begehen. Die geheimen Verträge sind vielfältig und oft genug die Saat für immer neue unheilvolle Verwicklungen. Besonders die so genannten «Familiengeheimnisse», die scham- oder schuldhaft erlebten Ereignisse, die verschwiegen, verdreht oder geschönt werden, wirken sich bestenfalls wie Erblasten aus, mit Trennungen, Zerrüttung und Vereinsamung, schlimmstenfalls sogar wie ein Generationen überspannender «Fluch», mit verfrühten Todesfällen, Selbstmord, Sucht und geistiger Verwirrung, der sich stetig selbst erneuert.

Kinder sind die schwächsten Glieder dieser unsichtbaren Ketten. Sie reagieren als Erste auf Überforderungen und schleichende Bedrohungen für das familiäre System. Ihr Schreien, Bettnässen, Nägelkauen, ihr Zerstörungsdrang, Eingeschüchtertsein, ihre Verweigerung und Feindseligkeit, ihre Schul- und Essstörungen sind Signale für zunehmende Disharmonie, für aus der Balance geratene Beziehungen.

Die Familientherapie zeigt immer wieder, dass schwierige und verhaltensauffällige Kinder lediglich die um Hilfe schreienden Symptomträger gestörter Gemeinschaften sind.

Kinder kämpfen in blinder Loyalität für den Zusammenhalt ihrer Familien. Sie würden alles tun, um ihre Zugehörigkeit zu sichern, und sie fühlen sich schuldig, falls ihnen dies nicht gelingt. Sie brauchen Eltern, die den klaren Blick auf ihre Familiengeschichte und die Gegenwart nicht scheuen, die bereit sind, wenigstens einen Teil der Erblasten abzubauen und für sich und ihre Kinder Hilfe zu suchen, falls ihnen dies alleine nicht gelingt.

Aus diesem Wunsch nach Geborgenheit und Zugehörigkeit heraus sind Kinder andererseits ursprünglich auch bereit, sich auf Beziehungen zu ihren Verwandten einzulassen. Sie sehen mit ihrem unverstellten Blick in Oma nicht die vergessliche, tattrige, alte Frau, sie sehen die warmherzige Person, die ihnen über den Kopf streicht und immer ein Bonbon in der Schürzentasche hat. Sie erkennen die traurige Verzweiflung im Blick der alkoholisierten Tante, den famosen Geschichtenerzähler hinter Opas polternder Fassade. Sie beginnen ihr Herz erst zu verschließen, wenn sie das Desinteresse, die abweisenden oder lieblosen Urteile ihrer Eltern wahrnehmen und entweder gezwungen oder andererseits nicht dazu angehalten werden, an Verwandtenbesuchen teilzunehmen. Wenn das Gleichgewicht von Nähe und Distanz in einer Familie stimmt, können gemeinsame Feste den Zusammenhalt, die gegenseitige Hilfs- und Verantwortungsbereitschaft stärken und für alle Beteiligten eine Quelle von Sich-aufgehoben- und Sich-zugehörig-Fühlen darstellen.

Es lohnt sich auch für uns Eltern, jenen unsichtbaren Tentakeln auf die Spur zu kommen, die uns mehr fesseln als halten. Welche unausgesprochenen Erwartungen und geheimen Abkommen erfüllen Sie noch heute Ihren Eltern gegenüber? Entspricht Ihre Lebensgestaltung, Ihr Partner, Ihr Beruf, Ihre Tüchtigkeit, Ihre Bescheidenheit, Ihre Hobbys dem, was sich Ihre Eltern Ihrer Meinung nach für Sie vorgestellt haben? Oder ertappen Sie sich dabei, dass Sie Aussagen oder Gesten machen, die Sie gut von Ihren Eltern kennen, aber nie nachahmen wollten? Wie fühlen Sie sich, wenn Sie im Beisein Ihrer Mutter Ihrem Kind etwas erlauben, was Ihre Mutter stets missbilligt hat? Rechtfertigen Sie Ihrem Partner gegenüber familiäre Gepflogenheiten oder Vorlieben, ohne dass Ihnen haltbare Argumente dazu einfallen?

Denken Sie einmal darüber nach, was Ihre Mutter, Ihr Vater, Ihre Großeltern oder Geschwister von Ihnen erwartet haben, als direkte Forderung oder versteckte Botschaft. Falls Sie Lust haben, sich näher mit Ihrem Familienmuster zu beschäftigen, zeichnen Sie sich den Stammbaum Ihrer Familie auf. Schreiben Sie zu jedem Mitglied stichwortartig auf, was Sie von ihm wissen, dann verharren Sie und versuchen kurz zu erspüren, was seine Position für jeden Einzelnen bedeutet haben mag. Nehmen Sie anschließend die Vogelperspektive ein und versuchen Sie, «Muster» zu erkennen. Gibt es Wiederholungen oder auffallende Gegensätze, Eigenschaften oder Andichtungen? Erst das Erkennen von Verstrickungen gibt uns die Freiheit, eine persönliche Wahl zu treffen, nämlich schädliche Muster zu durchbrechen und bereichernde zu pflegen. Jede Familie birgt sowohl Untiefen als auch Schätze, meistens jedoch verdammen wir nur das eine oder glorifizieren das andere. Nur der Perspektivenwechsel ermöglicht eine ausgewogene Sicht der Dinge und damit eine Würdigung unserer Geschichte, ohne sie be- oder verurteilen, schönen oder umschreiben zu müssen.

Frieden finden wir, indem wir unserer Vergangenheit zustimmen, wie immer sie war, und akzeptieren, dass ursprünglich jeder versucht hat, seinen Platz zu finden und sich zu integrieren, wie gut oder schlecht dies letztendlich auch immer gelungen sein mag. Nur so werden wir frei, uns umzudrehen und mit Bewusstsein unseren eigenen Beitrag zu unserer Familiengeschichte zu leisten.

Und jetzt prüfen Sie, was Sie Ihren Kindern mitgeben! Mit welchen Erwartungen und Vorstellungen belegen Sie Ihre Kinder? Was sollen sie Ihnen sein? Was sollen sie für Sie tun? Wie gut können Sie akzeptieren, dass sie ihrem eigenen Ruf folgen?

Wir Eltern stehen heute, im Gegensatz zu unseren Vorfahren, in einem Leben, das uns die vielfältigsten Möglichkeiten geboten hat. Und natürlich dämmert uns langsam, dass wir nur einen sehr begrenzten Teil leben konnten. Reizvolle Alternativen, die wir in unserer Fantasie obendrein verherrlichen, bleiben für immer versäumt.

So manche Eltern hegen nun offen oder insgeheim die Hoffnung, dass ihre Kinder das leben werden, was sie selbst für versäumt erkennen: das ungebundene Studentenleben, die wissenschaftliche Karriere, das Globetrotter-Dasein, die ländliche Großfamilien-Idylle, das «Prüfen», bevor man sich bindet! Ein anderes Phänomen ist das der «Rollenübertragung», die Kinder werden «benutzt» als Partner-, Freundes- oder Elternersatz und müssen manchmal ein Leben lang mit dem «bedürftigen» Elternteil gegen diese Bemächtigung ihrer Seele kämpfen.

Entlassen Sie Ihre Kinder aus der Verpflichtung, Ihnen irgendetwas Besonderes sein zu müssen. Versuchen Sie, geheime Verträge aufzuspüren und machen Sie Ihre Kinder gegebenenfalls darauf aufmerksam. Machen Sie Ihren Kindern vor, dass es schön ist, Familienbeziehungen zu haben, indem Sie sie pflegen, und zeigen Sie, dass man trotzdem sein ureigenstes Wesen entfalten darf. Verpflichten Sie Ihre Kinder nicht zur Dankbarkeit oder dazu, Ihnen zurückzugeben, was Sie für sie getan haben. Der Pfeil des Lebens fliegt vorwärts und nicht rückwärts.

Kinder ehren ihre Eltern am meisten dadurch, dass sie ihrerseits mit ihren Kindern liebevoll umgehen.

Wir können unser Leben erheblich erleichtern und schweren Ballast von den Schultern unserer Kinder nehmen, wenn wir uns die Gelassenheit aneignen, unsere heranwachsenden Kinder in ihr eigenes Leben gehen zu lassen. Sie werden dankbar zurückblicken und uns freiwillig teilnehmen lassen. Unsere Kinder brauchen Bindungen anstatt Fesseln!

Kinder brauchen Flügel

———— ❀ ————

Es ist uns sicher vertrauter, Kindern Traditionen mitzu-
geben und auf Spielregeln zu pochen, als sie dazu zu ermutigen, ihren ganz eigenen Weg zu suchen. Kinder
brauchen aber nicht nur Wurzeln, die ihnen Halt geben,
sie brauchen auch Flügel, die sie ins Leben hinaus-
tragen, um ihren eigenen Auftrag zu finden und zu
erfüllen.

Was verleiht uns Flügel?

Es ist vor allem das Wohlbehagen, sich geliebt und in-
tegriert zu fühlen. Es ist die Begeisterung, die uns er-
greift, wenn wir uns mit etwas beschäftigen, das uns innerlich «wärmt», wenn wir unserer inneren Stimme und
unserem inneren Ruf folgen. Dabei ist nicht wichtig, ob
unser Interesse uns Geld, Erfolg oder Beifall einbringt, es

ist nur wichtig, dass wir ganz darin aufgehen, dass wir Raum und Zeit vergessen können.

Glücksforscher bezeichnen diesen Zustand als «flow» und halten ihn für maßgeblich für die Empfindung von Lebensqualität, Glück und Zufriedenheit. Er ist unabhängig von Alter, Aussehen, Reichtum und Beruf und daher für jeden Menschen zu erleben. Jeder Mensch besitzt ein schöpferisches Potential, das er umsetzen kann und das zumindest in der Kindheit und Jugend noch lebendig ist. Leider passiert es anschließend sehr leicht, dass dieses Potential von Erwartungen, Verpflichtungen und der Jagd nach materiellen Attributen immer weiter verschüttet wird, so dass manche gar keinen Zugang mehr zu ihren Gaben finden. Es lohnt sich, danach zu graben und Kinder zu unterstützen, es zu bewahren! «Flow» können wir erleben, wenn wir uns plötzlich eins fühlen mit dem Universum, wenn wir einen Sonnenuntergang oder die Schönheit einer Blüte betrachten, wenn wir eine Hürde oder Herausforderung gemeistert oder eine neue Erkenntnis gewonnen haben, wenn wir jemandem eine Freude bereiten oder hingebungsvoll einem Hobby nachgehen. Ein gutes Gespräch beflügelt uns genauso wie die Wärme einer Freundschaft, liebevolle Unterstützung oder eine zärtliche Berührung.

Bejahen Sie Ihr Leben und das Leben Ihrer Kinder. Lassen Sie sich begeistern und stecken Sie Ihre Kinder an!

Es ist wichtig, sich seinen Optimismus und seine Begeisterungsfähigkeit auch in Zeiten zu bewahren, wo es das Leben nicht so gut mit uns zu meinen scheint. Wir können manches Schicksalhafte in unserem Leben nicht beeinflussen, das Leben war noch nie nur leicht und ohne Kampf und wird es auch nie sein. Egal was es auch immer mit sich bringt, wir haben immer eine Wahl und die Möglichkeit, dem Leben eine neue Richtung zu geben. Die größte Gefahr, der wir ausgesetzt sind, besteht nicht in herben Schicksalsschlägen, Enttäuschungen oder Misserfolgen, die größte Gefahr ist abzustumpfen, im grauen Alltag zu resignieren, sich ohnmächtig zu fühlen, den Blick zu verlieren für die kleinen Freuden und die großen Wunder, für die eigenen Möglichkeiten. Unsere Kinder brauchen Eltern, die optimistisch, begeisterungs- und handlungsfähig bleiben und die die Verantwortung für die eigene Gestaltung ihres Lebens übernehmen.

Wenn sich unser Blickwinkel ändert, verändert sich auch unsere Wirklichkeit.

An welchem Punkt Sie auch immer in Ihrem Leben stehen, ob Sie in einer Familie, Partnerschaft oder allein leben, wie zufrieden oder unzufrieden Sie auch im Augenblick sind, ob Sie sich überlastet, schuldig oder gefangen fühlen, Sie haben immer die Chance, etwas Neues zu versuchen. Wenn Ihre persönlichen oder Ihre Erziehungsstrategien nicht mehr funktionieren, öffnen Sie sich für neue Wege. Weigern Sie sich nicht, am Leben zu lernen. Akzeptieren Sie Unveränderbares, vermeiden Sie, sich über Banalitäten aufzuregen, und vor allem, hören Sie auf, an sich und Ihren Kindern zu zweifeln. Erlauben Sie sich und Ihren Kindern, sie selbst zu sein, geben Sie perfekte Ideale auf. Was unsere Kinder mehr als jede Erziehung brauchen, sind echte, mit sich und anderen ehrliche, authentische Eltern, die es wagen, klar und direkt und damit berechenbar, glaubwürdig und gesprächsbereit zu sein. Stehen Sie zu sich und Ihrem Leben, was immer es geboten hat. Es ist nie zu spät, damit anzufangen!

Wir können unseren Kindern nicht alles geben, was wir uns gewünscht hätten, wir können ihnen manches nicht ersparen und wir können sie vor nichts bewahren, was sie auf ihren Weg gelegt bekommen. Wir können nicht verhindern, dass wir nicht zu jedem Zeitpunkt in unserem Leben richtig gehandelt haben, nicht immer wissen, was am besten wäre, oder dass in einer Familie Wesen aufeinander treffen, die Schwierigkeiten miteinander haben können.

Aber wir können uns immer Zeit nehmen für unsere Kinder, neugierig bleiben auf die Entfaltung ihrer Persönlichkeit. Wir können ihnen immer unsere vorbehaltlose Zuneigung geben, unsere Unterstützung und Begleitung. Wir können ihnen vorleben, wie man sich Optimismus und den Glauben an das Gute bewahrt, wie wichtig und kostbar Liebe und Freundschaft in unserem Leben sind und dass sie der Pflege bedürfen. Wir können unsere Kinder ermutigen, ihrer inneren Stimme zu vertrauen. Wenn uns das gelingt, ist alles erreicht!

Was unsere Kinder wirklich brauchen, ist unsere bedingungslose Liebe und unser Vertrauen.

Hildegard Ressel, geboren 1954 in München, ist Diplompsychologin. Seit 1987 in eigener Praxis als Psychotherapeutin in München tätig. Sie ist verheiratet und Mutter zweier Töchter.

Buchveröffentlichungen:
«Die Macht der Gewohnheit. Von der heilsamen Kraft unserer täglichen Rituale» (1995).
«Was ich *wirklich* brauche. Inneren und äußeren Ballast abwerfen und wieder unbeschwert leben» (1998) erschien beim Scherz Verlag.